算数授業づくりの"あたりまえ"を問い直す

算数授業研究シリーズ XXIII

全国算数授業研究会［企画・編集］

東洋館出版社

はじめに

算数授業づくりの"あたりまえ"を問い直す
―本当に子どものためになっているか―

　教師であれば誰でも「子どもたちのための授業をしたい」と想い続けて，工夫して授業を作っているはずである。

　例えば，具体的な挿絵や図などを伴って提示したほうが問題をとらえやすいであろうと考え，視覚による導入を図る授業を多く見かける。また，問題をしっかり読むと理解しやすくなるであろうと考え，みんなで声を揃えて2，3回読んでから始める授業をよく見かける。常識的に考えてみてもあまり不自然とは感じない。

　ところが，挿絵や図などを伴っての提示は，子どもたち自身で状況を把握するために図などを使って考えてみようとする場を失わせてしまう恐れがある。もしかすると，イメージする力を奪ってしまっているかもしれない。

　1回読んでわからなかった時は3回読んだからといって必ずしもわかるわけではない。また，声を揃えて読むことで，問題にじっくり取り組む場を奪っているのかもしれない。

　このように，教師が"あたりまえ"のように思って行ってきたことが，実は子どもたちのためになっているとは限らないという場が多くあるのかもしれない。

　このような"あたりまえ"のように行ってきたことが本当に子どもたちのためになっているのか，それを問い直してみる，それが本書のテーマである。

◆ 20年前の「問題解決型学習を問い直す」と比べて

　算数の授業は，一般的に「最初に教師が問題を提示し，その問題を子どもたちが自力解決し，みんなで考え方を持ち寄り，まとめ，練習する」という段階を踏んだ問題解決型の授業で行われている。みんなで見合う研究授業の多くもこの問題解決型の授業で展開されていたり，教科書もこの問題解決型の授業を基本に作られていたりするので，算数の授業はこの型で行うのが「あたりまえ」のように思っている若い先生方も多いであろう。実は，この問題解決型の授業は，1980年代から急速に広がったもので，それ以前はと言えば，それぞれの教師が自分の目の前の子どもたちに合った授業を創意工夫しながら行っていたのである。

　確かに，この問題解決型の授業が広まるにつれ，新任の教師でも算数を専門にしていない教師でもある程度の算数の授業が展開でき，子どもたちを一定のレベルに引き上げることができるようになったのも事実である。

　しかし，同時に，例えば，「問題提示―自力解決―共同思考―まとめ」といった型がはっきりしているため，それにとらわれすぎて，この型から抜け出せないでいる授業者も多く見受けられる。経験が豊かな授業者も新任の授業者も，ほとんど同じ展開で行われている現在の算数の授業は，何か不自然な感じがしてならない。

　実は，本全国算数授業研究会も，以前，この問題解決型学習を問い直してみようという

動きから,『問題解決学習を問い直す─？（ハテナ）と！（ナルホド）がある算数授業をめざして─』（1994年，東洋館出版社）で，その問題点を発信している。

驚くことに，その発信からちょうど20年，月日が流れるのは本当に早いものである。

その時の「問題解決学習を問い直す」観点の代表的なものを取り上げてみる。

問題解決学習を問い直す
─？（ハテナ）と！（ナルホド）がある算数授業をめざして─

(1) 子どもたちが自分の問題をもって授業に臨んでいるか

　算数の授業が問題解決でなければならないというとき，その問題が子どもたちにとっての問題でなければならない。授業の最初に提示する問題が果たして子どもたちにとっての問題になっているのであろうか。子どもたちに「問い」が生まれ，それを解決しようと自ら問題に働きかけていこうとしているのだろうか。

　授業には，授業者が子どもたちに捉えさせたいと思っている目標がある。しかし，当然，子どもたちが見いだした「問い」とのずれが生まれる。教師は，子どもたちの「問い」をつなぎながら，次第に本質に近づけていく過程を展開しているであろうか。

(2) 「学び合う」授業が行われているか

　自分たちで問題を発見し，その解決のために様々な方法を駆使する。一人では思いつかないような問題が起き，それを解決するおもしろいアイディアが次から次へと登場する。三人寄れば文殊の知恵，みんなで学習する楽しさが味わえる。このような「学び合う」授業の中では，教師が「みんな違って，それがまたいい」と感じる心をもっていなければならない。そして，子どもの支えとなって見守る気持ちをもっている必要がある。「ふしぎ心を起こす」，「おどろき心をつくる」，「楽しみ心が生まれる」といった「学び合う」授業が行われているであろうか。

(3) 本当に「個を活かす」学習をしているか

　算数における学習は問題解決の連続であり，本来問題解決型の授業は，目先の問題を解決することのみならず，それを通して問題解決能力を伸ばすことにある。しかし，現在行われている問題解決型の授業は，まず問題解決のステップが子ども自身のステップではなく教師のためのものに見える。問題を解決できればよいといった面に目が向きすぎてしまい，「個々の子どもが自分の考えのよさを感じ，ありったけの能力を発揮し，意欲的に，主体的に学ぶ姿勢をもった学習」になっていないのではないだろうか。個が活きているであろうか。

(4) 本当の「指導」を行っているか

　「新しい授業観」という言葉から，教師は「指導」から「支援し」「援助」するように授業改善せよと叫ばれ出した。この風潮に流され，教師は「指導」に消極的になったり，「支援」の名の下，指導しなくなったり，指導案の中の「指導」という文字を「支援」に変えただけで授業がほとんど変わらなかったりする現状でよいのであろうか。今こそ，正しい目標分析をし，子どもの状況をしっかり把握する「評価」から，本当の「指導」が組み立てられなければならない。

◆ 20年経った今,「あたりまえ」を問い直す

　今回,「よりよい算数授業を創る」ために,問題解決型の授業を含め,多くの算数授業で見かける「あたりまえ」の観点から授業を問い直してみた。よりよい算数授業を創る際に,授業力向上に励んでいる先生方の参考となるよう,下記①〜⑳の20項目を選出した。

算数授業づくりの"あたりまえ"を問い直す
―本当に子どものためになっているか―

《授業の導入》
① 前時の復習をしなければいけないの？
② 問題文は書かないといけないの？
③ めあてを必ず書かないといけないの？
　めあては誰のためのめあてなの？　誰が書くの？
④ 自力解決の時間はたっぷりとらないといけないの？
⑤ 教科書の数値を変えていいの？
⑥ 解決のときにヒント（ヒントカード）は必要？
　机間指導のときに間違いを直さないといけないの？

《授業の中盤》
⑦ ペア・グループの話し合いは有効なの？
⑧ 図・式・数直線は絶対にかかないといけないの？
⑨ 友達の発言に「いいです」「同じです」と言わなければいけないの？
⑩ 発表のときに画用紙（ホワイトボード）になぜ書くの？
　必ず多様な考えを出さなければいけないの？
⑪ 「はかせどん」を必ず決めなければいけないの？
⑫ 説明を文章で書かなければいけないの？
⑬ 先生がしゃべる授業はよくない授業なの？

《授業のまとめ》
⑭ まとめは必ずやらなければいけないの？　まとめるのは誰の言葉なの？
⑮ 適用問題はやらなければいけないの？
⑯ 評価は毎時間必要なの？

《授業の全体》
⑰ 間違いが出てこない授業がいい授業なの？
⑱ 指導案通りに流れる授業はよくない授業なの？
⑲ ノートの形式は決めたほうがいいの？
⑳ 板書の形式やチョークの色は決めたほうがいいの？
　黒板は必ず写さなければいけないの？

この20項目に対し，各項目について数名ずつ原稿を書いてもらい，持論を述べてもらうことにした。各項目に多くの原稿が集まったが，紙面の都合もあり，本理事会で査読し，掲載の可否を決定させていただいた。

　なお，掲載可となった原稿に関しては，再度修正していただいた。執筆スタンスとしては，各項目によってケースバイケースだと考えられるものも多いと思われるので，「そうしたほうがよいとき」と「そうしないほうがよいとき」の両面に触れてもらっても，もちろん「そうしたほうがよい」の一方だけ主張してもらっても構わないこととした。

◆ 自分の中の「あたりまえ」を問い直してみませんか

　本書をこの「はじめに」から読んでいただいている方におすすめの方法がある。この20項目のそれぞれに，自分なりの考えをメモしてみてほしい（各章末にメモ欄がある）。それが，自分の「あたりまえ」を問い直すことにつながるからである。その際，自分の考えを2，3行で書こうとするとなかなか手が進まない。項目ごとに，一言か二言，メモする程度がいい。授業と同じで，自分の素直な考えがパッと思い浮かび，表現しやすくなるかからである。その後で，各原稿を読んでみると，自分の考えとの違いもはっきりして，各自の授業観が豊かなものになると考えている。

　一方，この「はじめに」を途中で，あるいは，最後に読んでいただいた方におすすめの方法がある。この20項目のそれぞれの原稿で，同意するところとそうでないところをはっきりさせ，その観点から自分なりの考えをメモしてみてほしい。それが，自分の「あたりまえ」を問い直し，新たな「あたりまえ」を創る一歩になると考えている。

　「あたりまえ」が悪いわけではない。なぜあたりまえになってきたのか，「あたりまえ」の裏にあるよさを理解して使っていないことが本当に子どものためになっていない原因なのである。

　先日，研究会である学校を訪問した際，階段の一段一段に1，10，100，1000，1万，…，1京とボードが貼られていた。算数の研究校であるので，算数の学習環境として整備されたものであろう。多分，この環境が整備された頃は，毎日眺めていたに違いない。しかし，月日が経つにつれて，気にならなくなっているのではないだろうか。いつもそこにあるから生まれる「あたりまえ」の環境である。

　「だったら，～」である。例えば，1000億の次の段のカードを外しておき，「ねえ，階段で，何か気づかなかった？」と問いかける。すると，気づいている子がいる。「すごい，確かに1000億の次のカードがなかった。いつも意識して見ながら階段を上っているから気がつくのだね。さすがだね」とほめる。その後，「ところで，10000億の次は！」と問いかけると，「1兆！」の声が上がる。一つの学習する場も生まれてくる。すると，次の日からしばらくは，このボードを意識して見るようになる。その見ている子どもをほめていくと，周りに目を向けていくことができる子どもたちが増えていくのである。これは，「あたりまえ」を逆に利用した一つの方法である。

　本書が自分の授業をちょっと見直し，変えてみるきっかけになれば幸いである。

平成26年8月　全国算数授業研究会会長　細水保宏

もくじ 算数授業づくりの"あたりまえ"を問い直す

[はじめに]
算数授業づくりの"あたりまえ"を問い直す
―本当に子どものためになっているか―　　　　細水保宏 …… 1

Part 1 授業の導入 編

Q1 前時の復習をしなければいけないの？
　　私の主張　徳永勝俊 …… 10

Q2 問題文は書かないといけないの？
　　私の主張　中村潤一郎 …… 12

Q3 めあてを必ず書かないといけないの？
　　めあては誰のためのめあてなの？　誰が書くの？
　　私の主張　河内麻衣子 …… 14

Q4 自力解決の時間はたっぷりとらないといけないの？
　　私の主張　尾﨑正彦 …… 16
　　私の主張　宮本博規 …… 18

Q5 教科書の数値を変えていいの？
　　私の主張　阿保祐一 …… 20

Q6 解決のときにヒント（ヒントカード）は必要？
　　机間指導のときに間違いを直さないといけないの？
　　私の主張　江橋直治 …… 22

算数授業づくりの"あたりまえ"を問い直す〈授業の導入 編〉

＊子どもの「考えたい」という意欲を高めるために
　授業の導入のあたりまえを問い直す　　　　中田寿幸 …… 24

＊誰のための『あたりまえ』なのか　毛利元一 …… 28

＊1時間の授業の意義を子どもたちが感じることを願って　守屋義彦 …… 32

🖉 私の考える"あたりまえ"〈授業の導入 編〉
　　── 先生のお考えを書いてみてください …… 36

Part 2　授業の中盤 編

Q7　ペア・グループの話し合いは有効なの？
私の主張　大桑政記 …… 38
私の主張　倉田一広 …… 40

Q8　図・式・数直線は絶対にかかないといけないの？
私の主張　一瀬孝仁 …… 42
私の主張　中村光晴 …… 44

Q9　友達の発言に「いいです」「同じです」と言わなければいけないの？
私の主張　仲村恵 …… 46
私の主張　宮城和彦 …… 48

Q10　発表のときに画用紙（ホワイトボード）になぜ書くの？必ず多様な考えを出さなければいけないの？
私の主張　時川郁夫 …… 50

Q11　「はかせどん」を必ず決めなければいけないの？
私の主張　高瀬大輔 …… 52

Q12　説明を文章で書かなければいけないの？
私の主張　間嶋哲 …… 54
私の主張　村上幸人 …… 56

Q13 先生がしゃべる授業はよくない授業なの？
私の主張 永田美奈子 …… **58**
私の主張 近藤修史 …… **60**

算数授業づくりの"あたりまえ"を問い直す〈授業の中盤 編〉
＊「あたりまえ」って，何のため？ 誰のため？　大野桂 …… **62**
＊問題解決の授業の発表から検討場面を問い直す　盛山隆雄 …… **66**
＊目的と子どもの姿から，手段を考える　夏坂哲志 …… **70**

🖉 私の考える"あたりまえ"〈授業の中盤 編〉
── 先生のお考えを書いてみてください …… **74**

Part 3 ｜ 授業のまとめ 編

Q14 まとめは必ずやらなければいけないの？
まとめるのは誰の言葉なの？
私の主張 甲斐淳朗 …… **76**

Q15 適用問題はやらなければいけないの？
私の主張 尾形祐樹 …… **78**
私の主張 西本靖司 …… **80**

Q16 評価は毎時間必要なの？
私の主張 種市芳丈 …… **82**

算数授業づくりの"あたりまえ"を問い直す〈授業のまとめ 編〉
＊子どもの側に立った授業の実践を心がけよう　佐藤紳一 …… **84**
＊算数授業の終末場面における"あたりまえ"を問い直す　山本良和 …… **88**

🖉 私の考える"あたりまえ"〈授業のまとめ 編〉
── 先生のお考えを書いてみてください …… **92**

Part 4 授業の全体 編

Q17 間違いが出てこない授業がいい授業なの？
- 私の主張 沼川卓也 …… 94
- 私の主張 横沢大 …… 96

Q18 指導案通りに流れる授業はよくない授業なの？
- 私の主張 小川和子 …… 98
- 私の主張 東郷佳子 …… 100
- 私の主張 直海知子 …… 102

Q19 ノートの形式は決めたほうがいいの？
- 私の主張 松山起也 …… 104
- 私の主張 宮川修 …… 106
- 私の主張 森本隆史 …… 108

Q20 板書の形式やチョークの色は決めたほうがいいの？　黒板は必ず写さなければいけないの？
- 私の主張 熊谷純 …… 110
- 私の主張 樋口万太郎 …… 112

算数授業づくりの"あたりまえ"を問い直す〈授業の全体 編〉
* 「指導案」の「当たり前」を問う　黒澤俊二 …… 114
* 算数授業づくりの「あたりまえ」を問い直すことの価値は何か　田中博史 …… 118

私の考える"あたりまえ"〈授業の全体 編〉
── 先生のお考えを書いてみてください …… 122

Part 1 授業の導入 編

Question 1
- 前時の復習をしなければいけないの？

Question 2
- 問題文は書かないといけないの？

Question 4
- 自力解決の時間はたっぷりとらないといけないの？

Question 3
- めあてを必ず書かないといけないの？
- めあては誰のためのめあてなの？　誰が書くの？

Question 5
- 教科書の数値を変えていいの？

Question 6
- 解決のときにヒント（ヒントカード）は必要？
- 机間指導のときに間違いを直さないといけないの？

| 1 2 3 4 5 6 | 7 8 9 10 11 12 13 | 14 15 16 | 17 18 19 20 |
| 導　入 | 中　盤 | まとめ | 全　体 |

Q1

島根大学教育学部附属小学校 徳永勝俊 私の主張

前時の復習をしなければいけないの？

　「前時の復習をしなければいけないの？」と問われると，率直に「しなければならないことはない」「しなくてもよい」と私は答えてしまう。なぜなら，日々の授業は前時とつながっていて，追求の過程の中に授業があるからである。だから，教師は前時の復習をするというより，前時を自然と振り返る中で算数の世界に入ることができるようにしたい。そして，いつの間にか前時までの問いや願いを思い出し，これまで身につけてきた数学的な見方・考え方を自ら生かそうとしてほしいと願っている。

　そこで，具体的に6年生の単元「資料の調べ方」の実践の導入場面を紹介する。

 **2時間目**

　1時間目で，本校体育会の伝統競技「30秒レース」の自分の5・6年生時の記録（右表）を手にした子どもたち。「自分は記録が変わらなかったけど，学級全体としては6年生のほうが伸びたと思うよ」「みんなの平均を出してみたら6年生のほうが成長したことがわかるよ」という声をもとに，電卓を使って学級全体の平均を出した。5年生の平均は163.1m，6年生の平均は163.6mの結果に，「成長したけど，ほんのちょっとだね」「ほとんど成長していない…」「ふつう6年生のほうが成長しているはずなのに…」と意気消沈気味。再度平均を計算し直す子どももいる中で「これで6年生のほうが成長していると言っていいのか」「他の比べ方はないかな？」という切実な意見も出た。そこで，「次の時間に他の比べ方を考えよう！」と次時の課題を確認して，2時間目につなげた。

　2時間目では，前時の切実な気持ちを想起するところから始めた。前時の復習というよりは，「平均では6年生が成長できたと言えないことへの悔しさ」と「平均以外に比べる方法って何があるのかという問題意識」を強めるように働きかけ，その中で，他の比べ方を知りたいという気持ちがどの子ももてるようにしたいと考えた。

　まず，163.1mと163.6mの数値を提示すると，「あっ。昨日の続きだ」「（5年生と6年生の結果が）ほとんど変わらなかった結果だ」とつぶやく子どもたち。「ほとんど変わらなかったんだよね」と問い返すと，「6年生のほうが成長できているはずなのに…」「（平均以外の）他の比べ方はないのかな？」など，子どもたちの願いや問いが聞こえてきた。その声をもとに前時の終末に出た課題を思い出すことができたので，「散らばり具合を見る」ことを紹介した。初めて出会うものの見方に半

児童	5年生	6年生
1	156	160
2	155	150
3	170	160
4	170	155
5	180	170
6	165	165
7	155	155
8	139	150
9	170	170
10	157	160
11	138	150
12	166	168
13	160	160
14	158	165
15	148	160
16	167	170
17	178	182
18	168	165
19	152	160
20	148	160
21	168	168
22	165	165
23	180	160
24	138	160
25	175	180
26	168	160
27	195	190
28	166	150
29	170	160
30	167	160
平均	163.07	163.6

信半疑。でも興味があり，「散らばり具合をもとに成長できたか説明しよう」とめあてを確認した。

その後，右の写真のように，自分の記録を黒板に貼った。上に５年時の散らばり具合，下に６年時の散らばり具合が表れると，その特徴を資料のまとまり具合や最大値などから読み取る子どもがいた。しかし，同時に「もう少し整理しないとなんとも言えない」という問いが生まれてきた。「目盛りごとに固まりを作る」「棒グラフのようにする」という考えから，資料を整理し始める子どもも出てきた。「グラフを整理して作ると６年生のほうが成長したことがわかりそうだ」という声に対して「本当かな？」という問いも聞こえてきたので，次の授業で確かめようと課題を確認して終わった。

 3時間目

３時間目も，前時の「グラフを整理して作ると６年生のほうが成長したことがわかりそうだ」という気持ちを想起するところから始めた。前時を終えた後に家庭学習で整理してきた，階級の境目がはっきりとしないグラフを紹介した。すると，前時で「本当かな？」と疑問をもっていた子どもも，そのグラフを見て「（５年生と６年生の）２つのグラフは形が大きく違う！」と驚いた。「資料を整理すると何かが見えてくるのではないか」と子どもたちの関心が一気に高まると，同じようにグラフを作ろうとする子どももいたので，「柱状グラフ」の存在と作り方を紹介した。そして，「柱状グラフに表し成長できたか説明しよう」とめあてを確認して自力解決の時間をとった。

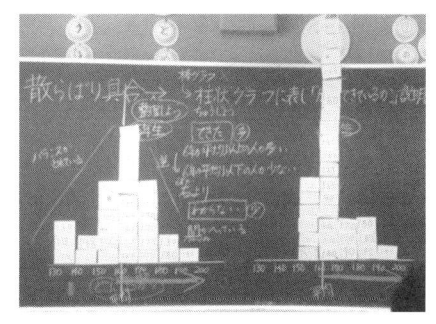

階級の幅を10cmにした柱状グラフは，右の写真の通りである。前時で学んだグラフの読み取り方を生かして，「全体的にまとまりが右に寄っているから６年生のほうが成長している」「記録が低いところがなくなり，最も多いところに集中してきたから，６年生のほうが成長していると言える」と結論づける子どもが増えた。

「前時の復習」をどのように考えるか，そこが重要である。私が必要ないと思うのは，本時の中心となる数学的な見方・考え方の押しつけのような復習である。全員で繰り返し復唱することで，全員が身についたように感じる復習である。それでは，本時で使う数学的な見方・考え方も見えすぎてしまい，子どものワクワク感がなくなってしまう。子どもが前時までの学習を自分のものとして生かしていこうとすることを遮ってしまうことになる。しかし，「前時の復習」が上記の実践のように，前時の学習を想起し，「他の比べ方はないのかな」「資料を整理するとわかりそうだ」といった子どもの問いや願いを確認するものであれば，追求していく学習の中では重要であると考える。類推的に考えたり，演繹的に考えたりする力を育むためにも，子どもが自然と前時を振り返るような「前時の復習」を行い，子どもが問いをもって夢中で追求していく授業を目指していきたい。

Q2 問題文は書かないといけないの？

千葉県多古町立多古第一小学校 中村潤一郎 私の主張

● 大切なのは子どもに問題意識をもたせること

　私たちは算数の学習指導を通して，子どもの考える力を育てようとしている。そして，考えるという行為は，「あれ？」「なぜ？」などと疑問をもつことから始まるものである。

　したがって，算数の授業に『問題』は不可欠である。しかし，だからといって，教師が問題文を書き，「さあ，解いてごらん」と話せばよいというものでもない。

　「今から問題を出します。10分程度の時間をとりますので解いてください。」

$\int \sin x^3 dx$

　突然，こう言われて右の問題が出題された場合，読者の先生方はこの問題に対して疑問や解いてみたいと思う問題意識をもつだろうか。では，問題文を自分でノートに書けば，その状況は変わるのであろうか。いや，ただ一方的に与えられただけという状況に変わりはないだろう。子どもだって同じである。

　つまり，大切なのは問題文を書くか書かないかではなく，子どもが問題意識をもつことができているかにある。

　「たかしくんのテストをこっそりみんなに見せるね。」
　こう話して，次のテスト結果を提示した。5年『割合』の導入場面の授業である。

〈テストA〉　　　　　〈テストB〉　　　　　〈テストC〉

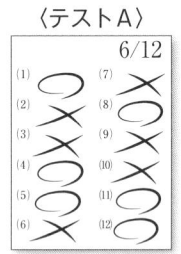 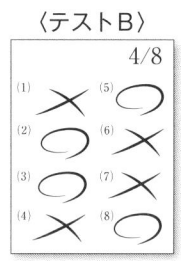 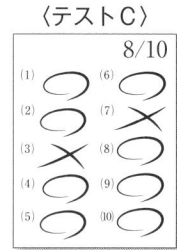

　このとき，「たかしくんのテストが3枚あります。2番目に成績がよかったテストはどれですか」と発問はしたが，問題文を黒板に書くことはしなかった。この場合，問題文を写したり読んだりするよりも，提示されたテストを見ながらやりとりをしたほうが子どもは問題意識をもつと考えたからである。

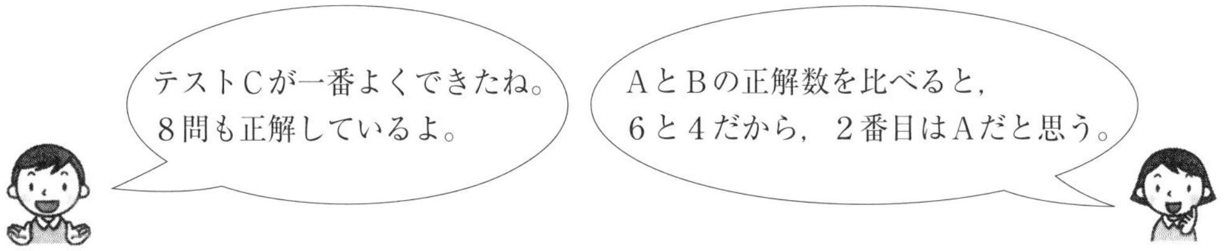

　　テストCが一番よくできたね。　　　　　AとBの正解数を比べると，
　　8問も正解しているよ。　　　　　　　　6と4だから，2番目はAだと思う。

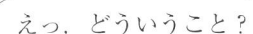
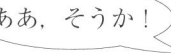

　この授業で子どもにさせたい活動は，A～Cのテストの出来具合を比べることだった。始めに問題文を書き，「比べてみよう」と話してから取り組ませてもできる活動である。
　しかし，やりとりの中で「ああ，そうか！」と話す子どもたちを見て，「AとBの正解数は違うのに，何が同じなのかを知りたい！」と思って取り組んだ子どもと，ただ教師に言われるがままに取り組んだ子どもとでは，問題意識のもち方が明らかに違っている。
　このように，授業ではいかにして子どもに問題意識をもたせるかを考えることが大切であり，その方策の一つとして，始めから問題文を書いたり書かなかったり，書いてもあえて条件不足の状態にしたりするのである。

● 問題文を書くタイミング

　では，この授業で問題文を書くことはしなかったのかといえば，そうではない。
　子どもとのやりとりで教室が賑やかになっていても，必ずしも全員の子どもが考えているとはいえないこともある。賑やかな友達の声を聞き，「どうしたのかな？」「自分も考えてみようかな」と，ようやく考え始める子どももいるからである。
　このような子どものために，教師が黒板に問題文を書くことは必要である。いつでも黒板を見れば，今，みんなが考えていることがわかるというようにするためである。
　「ああ，そうか！」「えっ，どういうこと？」と賑やかになったところで，教師は問題文を書くようにした。子どもたちもこの後，ノートに向かったときに問題文を写していた。

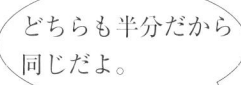 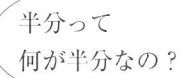

　授業ではこの後，『半分』が意味していることを考えながら，『全体を1と見る』という割合の考え方に迫っていった。
　実は今回，テストAとBの結果を同じ『半分』にしたのには訳がある。割合の学習が初めての子どもに対して「割合を考えよう」と話しても，どうしたらよいかわからないという手つかずの状態に陥るかもしれない。まだ割合について詳しく知らなくても，普段使っている『半分』の言葉の意味を改めて問うことによってうまく説明できそうでできないという場面に直面させ，問題意識をもたせるようにしたのである。

Q3

豊島区立高南小学校 河内麻衣子 　私の主張

めあてを必ず書かないといけないの？
めあては誰のためのめあてなの？　誰が書くの？

● はじめに…

「先生，今日のめあては何ですか？」と授業の始めに子どもから質問があった。子どもから詳しく話を聞くと「前の担任の先生は めあて のマグネットの隣に，今日やることを書いてあったの」という返事。「 めあて があって， 問題 も書いてあるの」とも。

「今日のめあては何ですか？」という質問をした子はやる気があっていいな，と思った。なぜなら，どんな勉強をするのか興味をもっている証拠だと感じたからだ。ただし，一方でこの子どもの発言は教師からの指示を待っている，という受け身の状態であるとも読み取れる。

算数の学習で期待される子どもの姿は，どんな問題にも積極的に取り組む主体的な姿である。

黒板に「めあて」と明記し，どんなことに取り組むのか内容を書くから子どもが主体的に取り組むのか，それとも「めあて」を書かなくても子どもが積極的に取り組む主体的な姿が見られるのか，実践例をもとに述べていきたい。

● 授業場面から〜5年生「合同な図形」の第4時間目〜

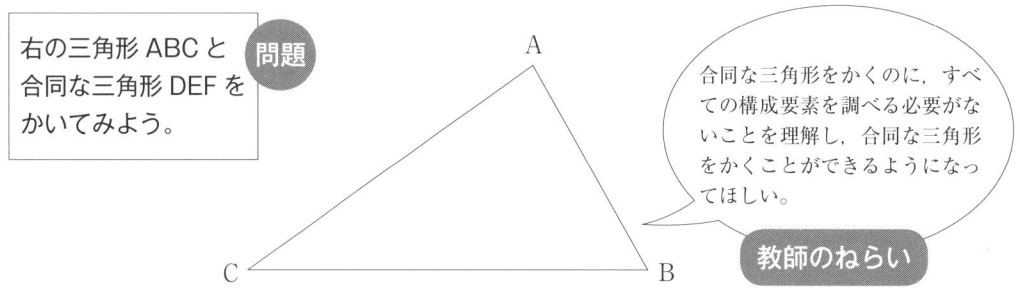

| 問題 | 右の三角形 ABC と合同な三角形 DEF をかいてみよう。 |

教師のねらい：合同な三角形をかくのに，すべての構成要素を調べる必要がないことを理解し，合同な三角形をかくことができるようになってほしい。

T：三角形 ABC と合同な三角形 DEF をかいてみよう。
C：先生，このままではかけないよ。　　【この時の子どもは受け身】
T：かけない？
C：だって，長さも角度もわからないんだよ。
　　辺の長さを教えて！　角度も教えて！
T：全部教えればいいね！
C：うん，全部教えてもらわなければわからないよ！　【子どもの気づき 主体的】
T：そうか，全部教えれば合同な三角形がかけるってことなんだね。
C：長さや角度をすべて教えてもらえれば合同な三角形がかける！

右のように長さや角度を提示した。

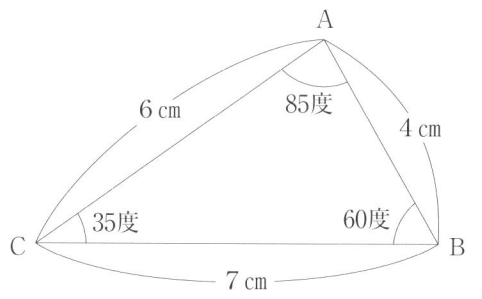

子どもの問い
主体的

しばらく時間をとると「あっ」という声が子どもから聞こえてきた。
「どうしたの？」と声をあげた子どもに聞いてみると「長さが全部わからなくても，かける」と言う。また「角度も全部わからなくても，かける」という声が聞こえてきた。そこで，クラスのみんなで本当に長さがすべてわからなくても，合同な三角形がかけるのか？ また角度がすべてわからなくても合同な三角形がかけるのか？ 追究した。

● 学習活動に「めあて」はあるの？

　上記の実践例には「めあて」という言葉で表さなかったが「めあて」という言葉の意味をあえて分類するとしたら，2つの意味があると考える。1つは，子どもにとってのめあてである。学習問題を解決するときに「○○に考えたらよいのではないか」や「なぜ，○○になるのだろうか？」という気づきや問いである。実践例から見ると「長さや角度をすべて教えてもらえれば合同な三角形がかける！」という気づきや「なぜ，長さや角度が全部わからなくても，合同な三角形がかけるのか？」という問いがこれにあたる。「めあて」を板書しなくても「あなたのめあては何？」と教師が子どもに問わなくても子どもの主体的な姿が現れた。2つには，教師にとってのめあてである。学習活動を通して，子どもに身につけてほしい力は何か，というねらいである。実践例から見ると「合同な三角形をかくのに，すべての構成要素を調べる必要がないことを理解し，合同な三角形をかくことができるようになってほしい」という内容がこれにあたる。

　以上のことから考えると「めあて」という言葉を使わずに済むのであるならば，子どもが主体的に学習活動に取り組むためには，学習過程に子どもの「気づき」や「問い」が現れることが大切である。また，子どもの気づきや問いを引き出せるように教師が授業展開を工夫すること，そして子どもの主体的な活動を保障するために，教師が学習活動を通して子どもにどんな力を育てたいと思っているのか，ということを明確にすることが大切である。

　よって「めあて」は必ず書かなければならないものではないと考える。そして教師が誰にとっての「めあて」なのかを意識していないのであれば，「めあて」は誰のための「めあて」にもならない。だが，黒板に「めあて」と書いて授業を展開するのであれば「めあて」が誰にとっての「めあて」なのか，教師自らがどういう意図で使っているのかをしっかり考えておく必要がある。

Q4

関西大学初等部 尾﨑正彦 　私の主張

自力解決の時間はたっぷりとらないといけないの？

❶ 時間をとればとるほど意欲が低下する

　自力解決の時間をたっぷりととればとるほど，子どもの学習への意欲は低下する。たっぷりした時間は必要ない。問題解決型と呼ばれる算数授業は次のように展開される。

　課題提示→自力解決→解決方法の発表→妥当性の検討→有効性の検討→まとめ

　6年「速さ」を例にする。教師から，「40mを5分で走るミニカーAと30mを4分で走るミニカーB，どちらが速いでしょう」と課題提示される。その後，「ノートに自分の考えを書こう」と指示が出され，自力解決活動が始まる。子どもたちは，ノートに向かう。
　この場面での子どもたちの様相は大きく2つに分かれる。早々に「40mを5分で走るAが速い」と答えを求めてしまう子どもと，どうやって答えを求めたらいいのかわからず困惑する子どもである。前者の子どもからは，「先生，答えが出ました」と声がかかる。そこで教師は，「では，他の方法でも答えは出せるかな。考えてみよう」などと指示を出す。しかし，前者の子どもにとって，教師から指示された活動を行う必要感はない。すでに答えは出たのである。今さら別の求め方を考える必要はない。後者の，例えば「時間がバラバラだからわからない」と悩む子どもには，教師が「だったら時間を揃えて考えたらどうかな」と投げかけたりヒントカードを配ったりする。答えがわからない子どもを，机間指導でなんとかわかるようにさせたいという教師の良心から生まれる活動である。しかし，気がつくとこの活動に莫大な時間を費やすことが多い。10分～15分がすでに経過している。この間，前者の子どもたちは飽きてしまい，算数とは関係ないおしゃべりに興じていることもある。学習への意欲はすっかり低下している。後者の子どもの学習意欲も多くは低下している。教室にいる教師は一人。解き方がわからない子どもが一人ならよいが，それが何人もいた場合どうなるか。教師を待っている時間帯は何をしたらいいのかがわからず，ぼーっとしているだけになる。これでは課題を解いてみようという意欲は低下する。
　実は，この自力解決の時間に授業のポイントとなる姿や声が表れる。速さの事例であれば，「道のりがバラバラだから難しい」「時間もバラバラだから比べられない」などの後者の子どものつぶやきである。これらを机間指導で個別に指導するのではなく，クラス全員で考える「問い」ととらえ共有化すればよいのである。「道のりがバラバラ」「距離がバラバラ」の声にこそ，全員で考える価値ある数学的な見方が含まれているからである。
　自力解決場面で大切なことは，全員が答えを求めるまでだらだらと時間延長を行うことではない。本時で大切な「問い」が生まれた場面で自力解決をいったん止め，全員でその「問い」を共有化する。そして，その「問い」を乗り越える方法を全員で考えるのである。その後，再度，自力解決場面へと向かう。その場面で，新たな「問い」が生まれることも

ある。その際は，もう一度「問い」を共有化していく。

　自力解決 → 問いの共有化 → 解決方法の話し合い → 自力解決 →
　　　　　　新たな問いの共有化 → 解決方法の話し合い →…

　上図のような小まめなサイクルを繰り返せばよいのである。このようなサイクルの繰り返しが，子どもの学習意欲をより高めていくことにつながる。

❷ 曖昧さを共有化していく短時間での自力解決サイクル

　前述のこまめなサイクルの授業事例を紹介する。「速さ」の導入場面。速さに対する漠然としたイメージから子どもの「感覚とのずれ」を引き出すため，あえて次のような曖昧な発問を投げかける。

　「辛坊さんがヨットで大阪北港から小名浜港まで旅をしました。どれくらいでついたのでしょう」

　この発問から，「どれくらいって，速さのこと？」「日数？」「距離？」という声が生まれた。曖昧な言葉を明確にしていきたいとする子どもの声である。そこで，「速さってどんなイメージをもっているの？」の発問で速さに対する感覚を引き出す。子どもたちは，「速さって時速だよ」「時速は1時間で進む距離」「分速もある」「1分間あたりに進む距離だね」「1秒あたりに進む距離なら秒速」「だったら，日速もあるよ」「日速って？」「1日あたりに進む距離」と話し合いを進めていった。この場面は，問い → 話し合い → 新たな問い → 話し合い →…が短時間で繰り返されている。これらの活動で，それまで感覚的にイメージしていた速さが数学の言葉で明確に整理された。

　次に，「速さは，時速や日速なんだね。それなら，大阪北港から小名浜港までの速さはわかるね」と投げかけた。子どもからは，「もっと情報がないとわからないよ」「大阪～小名浜までの道のり」「大阪～小名浜までの日数」の情報がほしいと声があがる。道のりはこの場面では教えない。縮図につながる考え方を引き出すためである。そこで，「距離はわからないけど，地図はあるよ」と言って地図を配布する。地図上の航路は40cm。しかし，40cmは実際の距離ではない。子どもから「地図帳にあるような比を教えてほしい」と声があがる。ここで期待していた縮尺の考えが生まれてきた。（縮尺と速さを合同で行うため，縮尺は前単元では取り扱わなかった）しかし，これもここでは教えない。その代わり「大阪～京都の距離約40km」の情報を教えた。子どもたちは地図で大阪～京都の距離が2cmであることを測り，40kmと2cmを比で表した。比の考えをこの場面で活用できるアイデアが生まれることで，問いを乗り越えることができた。その後，大阪～小名浜の実際の長さを比を使い求めた。この場面も，問い → 話し合い → 新たな問い → 話し合い →…の繰り返しで授業が展開されている。子どもの追究意欲は問いの連続と共に高まっている。

　この授業にはだらだらとした自力解決場面はない。子どもが解いてみたくなるような課題を投げかけ，課題との出合いから生まれた価値ある「問い」を共有化し，全員でその解決策を考えた。このサイクルのこまめな繰り返しで，本時で獲得すべき速さの概念を明確にしていくことができた。さらに子どもの学習意欲も終末場面まで持続することができた。

Q4

熊本市立田迎西小学校 宮本博規　私の主張

自力解決の時間はたっぷりとらないといけないの？

● 自力解決は自分なりに思考できるチャンス

　私が子どもの頃の算数授業は，先生の説明を聞き，それを覚え，そしてひたすら練習問題に取り組むというのがお決まりの授業展開だった。教科書の内容を教えてもらう前に，問題を自分の力で解く経験などほとんどなかったように記憶する。

　でも教え込みの時代はもう終わりである。教科書にも自力で考える場が設定され，1時間の授業に最低でも一度は，ノート等に自分なりの考えをかく時間がある。

　ただ，自力解決の習慣がない子どもたちは，問題を提示し，自分の力で解いてみるように促しても何をしていいのかわからないといった声が聞こえる。

　自力解決の過程を大事にしようと思うならば，まず子どもたちに自力で問題に挑むことの大切さを知らせ，自力で問題に挑むことの経験を積ませることである。自ら問題に挑むことの面白さは，解決の経験，発見の喜びから生まれてくる。思考にあった教具や思考を促すちょっとしたヒントで，解決の喜びを味わう体験は増えていく。

● 自力解決充実のための手立てと教師の言葉かけ

　多くの子どもにとって自力解決の時間がより充実した時間となるには教師の適切な手立てが必要であり，普段の授業でその手立てを身につけさせていくことが必要である。

　まずは，自分の考えをノート等にかくことができるかということである。低学年なら操作したことを図や絵に表す指導からスタートする。学年が上がるに従い，テープ図や線分図，数直線，表やグラフ，文章での表現へと高めていく。

　次に，自分の考え（解法）を，友達にうまく伝えることができるかどうかである。そのための説明の仕方を考える。うまく説明するにはそれにふさわしい図や表が必要になってくるだろう。説明を考えるだけでも子どもたちの思考は広がる。

　説明がうまくできそうだと思ったら，今度は別な考え（解法）はないかを探る。表を使ってうまく解いたら，式ではできないか。もっと簡単なやり方がありそうだけど…。どうもこの答えは不安なので図に表してみよう。図でもかけそうならかいてみて説明にもうまく使ってみようなど…。さらに時間がありそうならいつもというわけにはいかないが，友達同士，考えを見せ合うのもたまには刺激になっていいと思う。

　自力解決時における教師の言葉かけも大切である。最も大事なのは，問題解決に導くための言葉かけや解決したことの説明を促すための言葉かけである。つまり算数内容を深めるための言葉かけだ。また，学習への意欲を高め，楽しい学びへと導くための言葉かけもある。つまり授業そのものに楽しく取り組むための言葉かけである。

自力解決の時間をたっぷりとる場合には特に教師の言葉かけは子どもの変容を促進する。

自力解決を時間たっぷりとる場合と小刻みにとる場合の使い分け

自力解決の時間を大事にし，その時間をたっぷりとるかどうかはまさにケースバイケースだ。問題内容やめあてによっても変わってくるだろうし，その自力解決の際にどんな算数的活動を促すかによっても変わってくるだろう。

ただ，問題提示10分，自力解決10分，共同解決15分，まとめや練習で10分などという一律の時間配分で授業を進めていくような教師にとっては，「自力解決の時間10分確保？」は当然かもしれないが，それが本当に子どもの実態や思考に合っているのかは甚だ疑問である。自力解決の時間はもっと柔軟に考えたい。授業によっては自力解決を小刻みにとる場合だってあり得る。子どもの思考に寄り添いながら進めると結果的にそうなったという経験が幾度となくあるはずだ。

自力解決を時間たっぷりとる場合の一例～3年「三角形」～

3年では正三角形や二等辺三角形を学習する。導入においては，4種類の長さの棒を使って，いろいろな三角形を作る活動がめあてとなる。ねらいは「4種類の棒を使って，いろいろな三角形を作り，辺の長さに着目して分類できること」である。

このような活動の場合は，完全な個人ではなく，グループ内で対話しながら作る場合が多いが，これも思考的には自力解決の場として考えていいように思う。

「ぼくはこの棒とこの棒を使って作ろう」「私は大きな三角形から作ろう」「この三角形とこの三角形はよく似ているけど，同じかな？」などと相談しながら三角形作りを楽しむ子どもたちの姿が見られる。

この算数的活動には教具の準備が不可欠である。以前は教師がストローや色つきの棒を切って教具を準備している姿をよく見かけたが，最近は市販の"ジョイントバー"といった教具もあるようだ。

当然この活動にはたっぷりと時間を与えたい。少なくとも10分間くらいは必要だろう。10分間という

時間がたっぷりかどうかはわからないが，三角形を試行錯誤しながら作る活動を十分に保障してやらねばならない。

グループで作った後に，他のグループの作った三角形を見る時間もとりたい。

その後「似ているもの同士の三角形の仲間を作ってみよう」と新たなめあてを投げかけ，作った三角形を仲間分けする時間をとる。これも活動的にはグループだが，思考的には自力解決の場と考えてよいであろう。机の上に並べられたたくさんの三角形を見比べながら，自分なりの観点を出し合い，仲間分けを始める。限られた授業時間ではあるが，この仲間分けの時間もややたっぷりめに設定したいという思いだ。

自力解決の時間は，自立の芽を育てる原点であり，授業の原点である。

Q5 教科書の数値を変えていいの？

青森県総合学校教育センター 阿保祐一 私の主張

● ある先輩の言葉から

　私たち教師にとって，授業を構想する際の手助けとなるものは，なんといっても教科書である。6社の教科書とも内容がそれぞれ工夫・吟味・精選されており，「教科書の読み比べが教材研究の第一歩である」という先輩の言葉を思い出す。実際，各教科書の読み比べをしてみると，数値が全く同じという場合もあるし，微妙に異なっているという場合もある。「どうして，この数値を使っているんだろう」と探ることこそ深い教材研究になり，「学級の子どもにはこっちの教科書の数値のほうがいい」とか「提示する数値の順序を変えてみよう」といった授業アイデアや新たなアプローチの仕方が見えてくる。

　しかし，ここでは「教科書の数値を簡単に変えてはいけない」という先輩の言葉も思い出す。確かに，これまでの研究の積み重ねが教科書の数値には反映されている。その数値がベストであるという理由もあるだろう。だが，裏を返して，「それなりの理由があるならば数値を変えてもよい」と，ここでは解釈したい。教師の単なる思いつきによる教科書の数値変更は「NO」である。しかし，「こんな力を子どもにつけたい」「内容を焦点化したい」という教師の明確な思いがあるならば，ベターな数値への変更は「YES」であると考える。目の前の子どもの実態によって数値を変更するといった勇気ある授業構想が，授業変革と子どもの考える力の育成につながっていくものであると信じている。

● 教科書の読み比べで共通点を見つける

　教科書の読み比べをするにあたって大切にしたいことは，「共通点を見つける」ということである。「こことここが違う」というように，案外私たちは相違点ばかりに目を向けがちである。しかし，一見，バラバラに見えるものの中に「同じ」を見つけることこそ，教材の本質に迫る近道になるのではないかと考える。割合の単元導入をそれぞれ読み比べてみると，5社で基準量が1で比較量が0.5となる割合の事象が扱われており，1社で比較量が2で基準量が1となる事象が扱われている。これは，半分や2倍といった数関係を子どもが理解しやすいために各社で扱っていると推測できる。なお，本時の授業では，「Aを1とみるとBは0.5」「Bを1とみるとAは2」というように双方向に数関係をとらえる活動を重視した。そうすることで，「どちらを基準とするかによって割合の表し方は異なること」や，「割合が1を超える事象と超えない事象，1と等しい事象があること」を子どもに理解させることができるのではないかと考えた。なお，体育授業との関連から，バスケットボールのシュート場面を問題提示で扱うとともに，$\frac{1}{2}$という分数が見えやすくなるようにAさんのシュートは20回中10回成功と設定した。

●□を使うことで基準量と比較量の関係を自分なりに作らせる

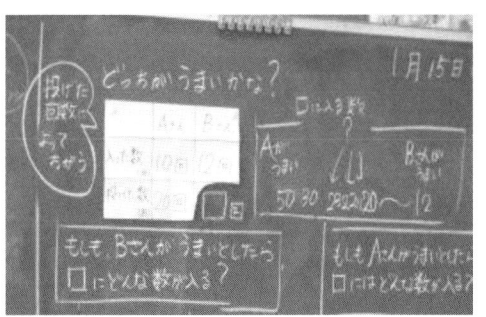

　授業では，Aさんがシュート10回成功，Bさんが12回成功という表を提示し，「どちらが上手いかな？」と子どもに問いかけた。これは，基準量を意識させるための仕掛けであり，「Bさんが上手い」という声とともに，「投げた回数によって違う」という声も引き出すことができた。そこで，「Aさんは20回投げて，Bさんは□回投げたんだよ」と告げた。このようにBさんの回数を□で提示することで，「□が50回だったらAさんが上手い」や「□が12回だったら全部成功だからBさんが上手い」というような自分なりに□に数を入れながら判断しようとする子どもの姿を引き出すことができた。ここでは，「ところで，Bさんの回数が何回だと，Aさんと同じ上手さなの？」という新たな問いが生まれた。

●「半分」をより所にして，割合を双方向にとらえる

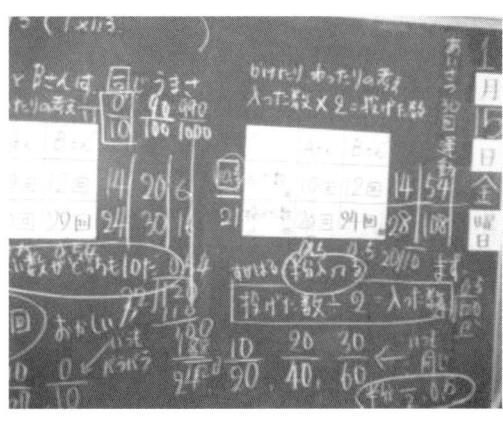

　授業の中盤では，BさんがAさんと同じ上手さになるのは「22回中12回なのか，24回中12回なのか」を選択する場面を設定した。ほとんどの児童は，後者を選んだが，教師が「20回中10回と，22回中12回は，成功と失敗の差がどっちも10回だから上手さは同じだよね」と少数意見の味方をした。そうすることで，「その考え方だと100回中90回とか，10回中0回入ることになるからおかしいよ」とか「いつもバラバラになるからだめ」という声を引き出すことができた。一方，「20回中10回と，24回中12回は上手さが同じなのか」という考えの妥当性を判断する場面では，「どっちも半分入っているからいいと思う」というSさんの考え方に子どもたちは同意した。そして，「だったら28回中14回も半分だからいいよね」などと，自分で事象を表につけ足したり，補ったりしていく姿が見られた。さらに，「入った数は投げた数の半分だけど，反対に見ると投げた数は入った数の2倍になる」というHさんの発言を受けて，「投げた数÷2＝入った数」や「入った数×2＝投げた数」「入った数÷投げた数＝0.5」といった式を導くことができた。

　教科書における割合の導入では，たくさんの数値が提示されている。しかし，本時では，「半分に着目すること」「どちらを1と見るかによって，もう一方の表し方が0.5（$\frac{1}{2}$）や2になること」をねらうために数値を精選・変更した。教科書の数値をベターな数値に変えたからこそ，割合についての理解を一層深めることができたのではないかと考える。

〈参考文献〉筑波大学附属小学校算数研究部（2012）『算数授業論究Ⅲ「割合」に強くなる』東洋館出版社

国立学園小学校 江橋直治 私の主張

解決のときにヒント（ヒントカード）は必要？
机間指導のときに間違いを直さないといけないの？

● ヒントカードを使った授業の問題点

　最近の算数の流行キーワードは「めあて」と「まとめ」だが，以前は「評価」と「手立て」であった。その影響かどうかはわからないが，自力解決の時間に"解けない子がいないようにする"ことにやっきになる傾向が未だに残っている。子どもが自分で答えにたどり着けるようにしてあげたいという気持ちはよくわかるが，個別指導やヒントカードを出すといった指導法を続けることで，本当に身につけさせたい算数の力，考える力がつくとは言い難い。たくさん発言する子の影に隠れ，「ヒントカードをもらって解けたんだから，もういい」という雰囲気を漂わせている子がたくさんいる。その時間はよくても，次の時間になると結局また教えてもらう（ヒントカードをもらう）のをただ待っている子どもたち。完全に受け身で，関わり合いや学び合いという面からもどんどん遠ざかっていく。

● 実践事例「1年生　たし算」

　では，授業をどのように進めていくとよいだろうか。子ども同士が関わり合う中で，解決の糸口になるポイントに自ら気づいていく，そんな授業を目指したい。1年生「たし算」で行った授業の様子を紹介する。

　導入時，①～⑥の数字カードを裏返し，教師と代表児童でカードを2枚ずつとることにした。2人とも自分のカードの数字を見ないまま，裏返しの状態でカードを黒板に貼った。ここでおもむろに「2人がとった数字は何だかわかる？」と聞いてみた。「そんなのわからないよ」「勘で答えていいの？」予想通り教室は大騒ぎである。そこで，

　「ではどうしたらカードの正体がわかりそうですか？」

と問いかけてみた。「まさか見せてとも言えないし…」子どもたちはざわついている。しばらく待っていると，「先生はカードを見てもいいから，何かヒントをちょうだい」という声があがった。そこで，2人のカードの数字を確認して，

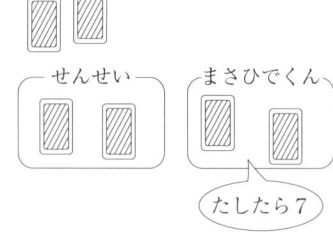

　「まさひでくんがひいた2枚のカードをたしたら7になります」

というヒントを出すことした。無論このヒントは課題提示の一部であり，予定していたものだ。ほとんどの子が「そんなヒントじゃわからない」と声をあげ，納得がいかない様子であった。しかし，そんな雰囲気の中，ノートに何か書いている子がいる。ちらりとノートを覗き込むと，「2と5」とか「1と6，2と5，3と4のどれか」と書いている。すぐにでも指名したい気持ちをぐっとこらえ，ここで次のような言葉をクラスに投げかけた。

「すごい！　ここに名探偵がいます！　今のヒントで，まさひでくんのカードの数字を予想した人がいますよ」

私のこの言葉をきっかけに，何人かの子どもが動き出した。「たしたら7になるたし算は1＋6だよね。まさひでくんのカードは，1と6かな」「2＋5もあるよ」「3＋4じゃない？」「5＋2も6＋1もあるよ」「え？　それってさっきの2＋5とか1＋6と同じなんじゃないの？」一人の発言が次の発言を呼んでいく。たとえ算数が苦手な子であっても，何人もの発言を聞いているうちに，キーとなるものを自分で見つけることができる。友達との関わりの中から自分なりの考えをもつことができるはずだ。教師がヒントカードを出すよりもよほど効果的だと言える。ここで，ある子が「先生のカードは，たしたらいくつになるの？」と聞いてくれた。次にこちらが出したかったヒントを子どものほうから聞いてくれたのだ。

「先生の2枚のカードは，たしたら4になります」

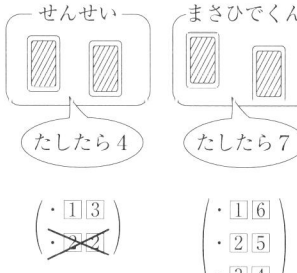

こうなると子どもたちの動きは早い。「1と3だね」「2と2もあるんじゃない？」「数字カードは1枚ずつしかないから，2と2はないよ」「先生のカードの正体は1と3だ！」子どもたちは大喜びである。気づくと，まさひでくんはノートとにらめっこをして何かを考えている様子だった。「ぼくのカードの正体がわかったかもしれない…」このつぶやきのような言葉を受けて，ここではじめて自力解決の時間をとることにした。

「まさひでくんのカードの正体を，もう一度考えてみることにしましょう」

教師が授業で留意すべき2つのポイント

ここから先の解決への流れは，想像がつくと思う。発表検討の場面を要約すると「先生のカードが"1と3"なのだから，まさひでくんのカードに"1"と"3"は絶対に入らない。だから，残った"2と5"がまさひでくんのカード」という結論に達した。場合分けをしながらの説明は1年生には難しかったが，1年生なりに頑張って話していた。

この授業，次のような文章問題で導入したらどうなっていただろうか。「[1]〜[6]の数字カードが1枚ずつあります。2人に2枚ずつカードを配りました。1人目のカードをたすと4になります。2人目カードをたすと7になります。2人が持っている数字カードは何でしょうか。」このまま自力解決に入ったら，し〜んと静まりかえった10分間が待っているだけだ。子ども同士の関わり合いのかけらもない，感動も発見もない授業になってしまうことだろう。

自力解決の時間にヒントカードを使うことなく，子どもたちが問題に対して意欲的に取り組む（考え始める）には，事例で紹介したように，

① 「課題提示の工夫」や「　　　　　　　で囲んだような発問の用意（工夫）」

② 与えられた問題を個人で解いているのではなく，1つの問題をみんなで考えていると感じることができるような「場」を授業の中に作り出す

以上，2つのポイントを常に意識しながら授業を行う必要があると考える。

Part 1 算数授業づくりの"あたりまえ"を問い直す〈授業の導入 編〉

子どもの「考えたい」という意欲を高めるために授業の導入のあたりまえを問い直す

筑波大学附属小学校 中田寿幸

❶ 教師が教科書の数値を読みとることから始めよう

　阿保先生の原稿を読み，学級の実態に応じて割合の導入を$\frac{1}{2}$から導入するのは確かにひとつのやり方だと感じた。難しいと言われている割合だが，$\frac{1}{2}$なら多くの子にわかりやすくなるだろう。阿保先生の原稿を読んだ後に，5年生の「小数のかけ算」の単元の導入を考えていた。多くの子が感覚的にわかる数値での導入を考えていた私は，かける数を2.5にして5の半分になることを考えさせたいと思っていた。

　そこで，阿保先生同様，教科書ではどのような数値で導入しているのか見比べてみた。

　1m80円のリボン2.3mの値段から入る教科書が4社，80円のリボンは同じだが，2.4mの値段を求める教科書が1社。30円のリボン2.3m分が1社であった。

　2m，3mの整数値の間から2.3m，2.4mなのだが，2.5mでの導入はなかった。

　しかし，2.4mの値段を考えさせる場面で，2.5mの値段を考えている教科書が1社だけ，あった。イラストで出てくる男の子が吹き出しで「2.4mは5mの半分ぐらいだから，5m分の400円の半分で，…」とある。そして，だいたい2.5mだからと答えを見積もってからそれよりもちょっとだけ少ないからと2.4mを考えさせていた。これはいいと思った。

　では，2.5mのテープを提示するか。しかし，それではあまりにも答えが見えやすくなってしまう。実際に黒板に2.5mのテープを貼って，その下に長さを示す直線を引いてみた。はしたの長さが1mの半分というのはよくわかる。テープを2.4mにしてみた。2mと3mの半分よりもちょっと短い。半分という目安は見えてくる。2.3mにしてみた。1mの$\frac{1}{3}$は見えてくるが，半分は見えにくくなった。

　そこで半分が見えてくる2.4mのテープを提示し，長さを子どもに伝えずに，予想させることで，2mと3mの真ん中ぐらいという見方を引き出すこととした。そして，半分の2.5mの値段を考えたあとに，長さが2.4mであることを伝えていけばいいと考えた。

　実際の授業では2.4mのテープを2.5mよりも長いと考える子がいた。「そんなに長くないと思う」とかえって反対意見を言う子が増え，「半分」を熱く検討していくことができた。そして2.4mという数値を出す前に，0.1m分を出す考えまで出てきた。2.4mは適応問題のように扱うことができた。

　このように，子どもたちの実態から提示する数値を考え，教科書とは違う数値にすることは十分ありえる。というよりも，教科書の数値は全国の教室を想定しているので，目の前の子どもたちの実態とは違ってくるのはあたりまえである。

　ただし，教科書の数値はたくさんの専門家が何年もかけて検討している結果の数値であるので，かなり練られている。なぜその教科書ではその数値を使うのかを読み取ってから

数値を変える必要があるだろう。そして，教科書の数値以上のよさを感じられるときには数値を変えて提示することも必要である。「教科書にあるからそのままの数値を使った」ではなく，「教科書の数値はこうだった。こんな数値も考えられるが，やはりこういうよさがあるので，今回は教科書の数値を使った」と言えるよう，教科書の数値を検討して授業に入っていきたいと思う。

❷ 今，何をしたらいいのかを示すのがめあて

　先の小数のかけ算の授業は「1m80円のテープがあります」と言ってテープを黒板に貼るところから授業を始めた。「このテープはいくらでしょう？」と聞いた。これは発問である。そして黒板に「テープはいくら？」と板書した。これが本時に子どもたちが考えていく課題である。長さはよくわからないが，とにかく今日はテープの値段を求めるのだということが示されたのである。子どもたちは目の前のテープの値段を考え始めた。

　ここで「テープの長さは何mですか？」という質問が子どもから出た。しかし，長さは教えなかった。すると別の子から「せめて1mがどのあたりなのか教えて！」というお願いが出た。そこで，テープの下に1m定規をあて，1mの直線を引いた。なんとなく長さが見えてくる。でも，まだよくわからない。「できれば2mも教えてください」という声があがったので，直線を2mまで伸ばしていった。すると「半分の50cmよりも長いから，多分2m60cmだと思う」という意見が出た。ここから，「2.5mだとしたら」という学習に入っていった。

　ここまでで，黒板には「1mが80円のテープ」「テープはいくら？」と書いた。これは，めあてというより，「今，子どもたちが考えること」というぐらいのものだろうか。河内先生のいう「気づきや問い」まではいかないので，めあてと呼ぶかどうかはわからないが，子どもたちが今，何をしたらいいのかは常にわかるようにしていく必要があると考えている。そう考えれば，それをめあてと呼んでもいいと思う。

　さて，先ほどの授業の続きだが，テープが2.5mだとしたらいくらになるのか，個人で考える時間をとった。すでに200円という答えがわかっている子もいたが，式に表してほしいと考え，時間をとった。2分ほどだったと思う。ほとんどの子が80＋80＋40や80×2＋40という式に表していた。中に80×2.5とかけ算で表す子がいた。こういう子を見つけるためにも個人作業の時間をとり，ノートを見ていく。視点をもってノートを見ていけば，見つけやすい。

　テープの値段は200円であることを確認した後，式を出していった。最後に80×2.5という式を紹介し，板書した。そして聞いた。

　『80×2.5という式はありですか？』

　子どもの「そんなのあり？」というつぶやきを拾って作った発問であった。

　「80×2と80×3の間だから80×2.5でいいんじゃないか」

という意見が出されて，なんとなくみんな納得している雰囲気だった。わかったような気持ちになっているのはよいことではない。そこで，

　『80円に2.5mをかけるってどういうこと？　お金に長さをかけるってありえる？』

と私から問い返した。黒板には「80×2.5ってありえる？」と書いた。これがここで，子どもたちが考えていくめあてである。考える中身がかわったときにはその中身自体を板書しておくとそれがめあてとなっていく。

　子どもたちは続けた。
「確かにお金に長さをかけるって変だよね」
「でも，80円に2mをかけたら160円ってわかるでしょ」
「80円が2個分ってことだよ」
「80円が1まとまりになっていてそれが2つあるってこと」
「だから80円が1まとまりになっていて，それが2.5あるってこと」
『2.5mじゃなくて，2.5個ってこと？　2.5って単位をつけていない意見もあるけど？単位をつけるとしたら何だ？』
「2.5個」「2.5倍ってことじゃない？」
「なるほど倍かあ」「かけ算だから倍だよなあ」
　かける数が小数でも整数と同様にかけ算で表せることが確認できた。かけ算の意味の拡張である。このあと，「テープの長さは2.4m」と伝えて，80×2.4の計算を考えるつもりでいた。そこでの個人で考える時間は5分ほどしっかりとって，一人ひとりに考えさえていく予定であった。
　しかし，ここで，「まだ別の出し方があります」と言って挙手する子がいた。「あるある」と言って手を挙げる子も出てきた。
　そこで，方向をちょっと変え，子どもたちの意見に付き合うこととした。
「2.5mは250cmだから80×250＝20000になる。mをcmにするときに100倍したから20000から0を2つ取って200円」
　多くの子が納得していた。そんな中で次のようにつぶやく子がいた。
「20000円なんて，なるわけないじゃん」
　その子の言葉を取り上げ，『20000円って何が20000円なの？』と聞いた。
「実際は20000円じゃなくて，cmにすると20000になって」
「何でcmにすると20000になるの？」
とても素直な反応である。このような素直な反応を大切にしたい。
　ここで私から聞いた「そもそも80×250って何だ？」
「80円が250個分あって…あれ？」
「違うよ1cmは0.8円でしょ，ありえないけど」
「その0.8円の250倍だから0.8×250になるんだよ。だから0.8×250＝200になる」
『1cm分を考えたんだね』
と言いながら，数直線の1cmのところに0.01mを書き入れ，『0.01mの250倍と考えたんだね』と大きな矢印を伸ばした。
　子どもの誤答をもとに，その誤答が本来進みたかった方向を考えながら，誤答を修正して80×2.5を0.8×250と見ることができるようになった。
　教師からヒントを与えて修正していくのではなく，友達と意見を交わしながら，考えを

修正していければよいのである。子どもの間違いは子ども同士で解決できる。その解決の過程が「考える」という場面になる。教師が教えよう，直そうと考える必要はない。江橋先生の言う「1つの問題をみんなで考えていると感じることができるような場」になったと考えている。

❸ 解決を目指すのではなく，自力で問題に向かう「自力挑戦」

　次の時間は80×2.4の問題から入った。1時間目は全体での検討が中心だったため，数直線をノートに書いていない子もいた。そこでまず数直線をノートに書かせた。そしてその後，個人で考える時間を5分ほどとった。

　机間巡視ではその後の発表させたい意見を見つけていった。特に個別の指導はしなかった。もちろん，ヒントカードも出さなかった。

　個人で考える時間は授業の中に2，3分でもいいからとりたいと思う。友達に頼らず，自分の考えを深めるためには個人での作業が必要である。しかし，いつでも問題を解決させなければならないというものではない。「一人に1つは解法を持たせてから話し合いに入りたい」という思いもわからないでもない。しかし，ヒントをもらって，誘導された正解を1つ持ったからといって，子どもに考える力がついたわけはない。正解を1つ持ったからといって，発表に意欲的になるとも思えない。

　私は一人で考える時間は答えまでたどり着かなくても，「自分だったらこの方法でやってみる」「ここまでやってみたけれど，この先はわからない」「こんな方法で考えてみたけど，どうかなあ」という，問題に対しての自分のスタンスが決まれば，次の話し合いへ意欲を持って臨めると考えている。

　個人での考える時間を授業の前半にとったときに一般に「自力解決」と言われる。私はこの「自力解決」という言葉が問題学習の過程を形骸化させている理由の1つと思っている。個人で考える時間にいつも問題を自力で解決させなければならないと考える必要はない。そもそも1人で問題を解決できるなら，クラスのみんなが集まって学習する必要はない。個人で考える時間は，目の前の問題に対して，自分がどのようなスタンスで臨むかという姿勢を持てるようになればよい。もちろん答えまで出てもよい。しかし，答えまで出なくても，進もうとしている方向が合っているのかどうか，そこがわかれば問題解決の力は高まっていく。

　「自力解決」の時間に「自力」で問題に取り組ませることはよいが，「自力での解決」までは望まない時間とすることを主張したい。そう考えると授業者の気も楽になるし，授業を受けている子どもたちも変なプレッシャーをかけられずに考えることに集中していける。「自力挑戦」ぐらいの言葉の方がよいのではと考えている。

　尾﨑先生は短時間での自力解決を，宮本先生は時間をたっぷりとる自力解決の授業の紹介があった。自力解決は時間ではない。大切なのは一人ひとりが自分の力で問題にどのように取り組んでいこうとするのかを子どもが「考えたい」という気持ちになるかどうかである。いつでも「この時間」とタイマーで時間を測るのではなく，子どもの考えている様子を見ながら個人で考える「自力挑戦」の時間を決めていきたい。

Part 1 算数授業づくりの"あたりまえ"を問い直す〈授業の導入 編〉

● 誰のための『あたりまえ』なのか

東京都教育庁指導部 毛利元一

❶ 『あたりまえ』の背景を見直そう

　『あたりまえ』という言葉はいたって都合のよい言葉である。かなり前の話で恐縮だが，テレビのCMで「友達なら，あたりまえー」というフレーズが流行ったことを覚えているだろうか。何が『あたりまえ』だったのかは忘れてしまったが，友達同士，どんなときでも，このフレーズを使用してしまえば事足りてしまったことを覚えている。日常の会話の中でも「あたりまえでしょう」の一言で，それ以上会話が進まなくなることがある。そこには，大前提としての『あたりまえ』が共有されていて，そのことに対しては議論する必要がないということである。

　小学校5年生で，図形の内角の和を求める学習がある。四角形の内角の和を求めるには，四角形を対角線で2つの三角形に分け，三角形の内角の和が180°であることを基にして，四角形の内角の和が360°であることを演繹的に説明する。このときの「三角形の内角の和が180°である」ことは，『あたりまえ』の前提となっている。よって，四角形の内角の和を求める際には，三角形の内角の和が180°であるかどうかを議論する必要はないのである。

　しかし，忘れてはいけないことがある。この「三角形の内角の和が180°である」ことは，どのように導き出したのかということである。子どもたちは，合同な三角形を敷き詰めたり，分度器で角を測ったり，3つの角の部分を寄せ集めたりしながら，どんな三角形でも内角の和が180°であることを帰納的に考えたはずである。

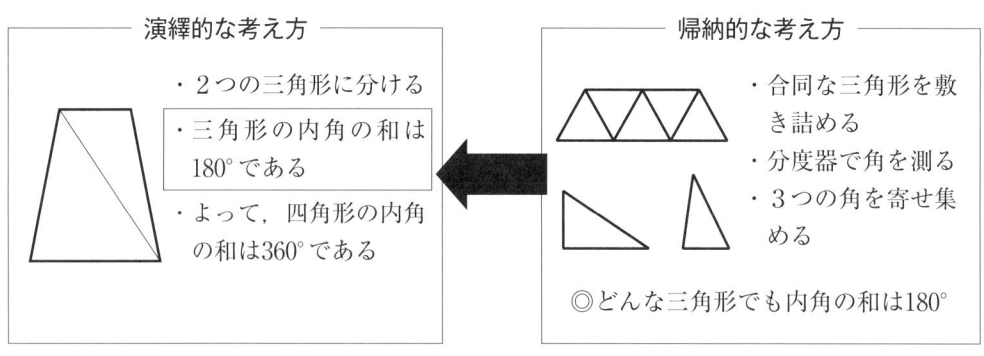

　つまり，『あたりまえ』には，そこにたどり着くまでに様々な事例の積み重ねがあり，その結果，導き出された結論であるということである。だから，私たちは，『あたりまえ』を問い直すためには，まず『あたりまえ』とされている事柄の背景について，見直してみる必要があるのではないだろうか。

　そこで，先生方の書かれた事例をもとに，その背景にある『あたりまえ』について考え，私なりの結論を記すことにした。

❷ 実践事例から見える『あたりまえ』の背景

Q1 前時の復習をしなければいけないの？

　本時の問題を提示する前や後に，前時の復習をする授業を見ることがある。丁寧に「前時の復習プリント」と明記されたものもあるほどだ。このような取り組みには，「本時の授業で大切な内容を確認し，活用させたい」との先生の願いがあるのだろう。この願いは，共感できることである。なぜなら，算数のように既習内容を活用して問題を解決することが中心となる授業では，「これまで学習してきたことを活用する」ことは『あたりまえ』であると考えるからである。

　では，この『あたりまえ』の何が問題なのだろうか。徳永先生は，「日々の授業は前時とつながっていて，追求の過程の中に授業がある」と述べている。つまり復習させなくてはいけないのではなく，「前時を自然と振り返る中で算数の世界に入ること」が大切だと主張しているのである。

　そのためには，前時のまとめが大きく関わってくる。事例では，1時間目の最後に「他の比べ方はないかな？」という子どもの言葉を使って，「次の時間に他の比べ方を考えよう！」とまとめている。このように，前時と本時をつなぐのりしろのような部分をもたせることで，前時を自然と振り返ることができるのである。

> 子どもたちが問題を解決する際に，似たような問題を想起したり，以前使った方法を活用したりしようとすることは『あたりまえ』である。

Q2 問題文は書かないといけないの？

　「問題文を書かないといけないの？」とは，とても面白い問いかけである。「問題文を書く必要はありません」と主張できる先生は，はたしているのだろうか。

　問題解決的な学習を行うのであれば，問題がなくては授業は成立しないであろう。だから，授業の中で問題があるのは『あたりまえ』である。ここで大切なことは，「問題文を書くこと」と「子どもたちが問題意識をもつこと」とがイコールではないということである。中村先生は，「算数の授業に『問題』は不可欠である。しかし，教師が問題文を書き，『さあ，解いてごらん』と話せばよいというものではない」と述べている。

　先生がおもむろに「今日の勉強は，…」と言いながら，用意された問題文の紙を黒板に貼る授業がある。このような取り組みには，「本時の問題をわかりやすく提示することで，子どもたちに，何を考え，発表すればよいのかを明確にしてあげたい」との先生の願いがあるのだろう。しかし，そこには形としての問題はあっても，子どもたちにとっての問題があるとは言えないのではないだろうか。大切なことは，子どもたちに問題意識をもたせることである。事例では，問題を書くタイミングについて述べられている。子どもたちとのやりとりの中で，問題を解決するために必要な事柄を整理しながら板書することで，問題文と問題意識をイコールで結んでいるのである。

> 子どもたちが問題を解決する際に，問題意識（問い）をもつことは『あたりまえ』である。

Q5 教科書の数値を変えていいの？

　研究授業の際はともかくとして，普段の授業で，毎時間オリジナルの教材で授業を行っている先生はどれだけいるのだろうか。近頃の教科書は，身近な場面を取り上げた問題，複数の考え方の紹介，練習問題，発展的な問題，トピック的な問題など，大変充実しているので，教科書をそのままなぞれば，なんとなく授業が成立してしまうという現状があるのではないだろうか。よって，若い先生と話をしていても，それほど算数の授業について悩んでいるという話は聞かない。むしろ，国語の物語文，社会の資料，理科の実験などについての悩みがあるようだ。このようなことからも，算数の教材研究が以前ほど進んでいないように感じている。

　そこで，阿保先生が述べているように，まずは教科書の読み比べをしてはどうだろうか。阿保先生は，教科書の数値の変更について，「こんな力を子どもにつけたい，内容を焦点化したいという，教師の明確な思いがあるならばよい」と述べている。教科書の相違点だけでなく共通点を見つけることで，教材の本質を見極めるとともに，子どもたちの実態と先生の願いをもとに，ぜひ教科書の問題を見直してもらいたい。事例では，「どちらかを1と見るかによって，もう一方の表し方が変わる」ことをとらえさせるために，数値の変更を行っている。

> 教科書の問題場面や数値を基本にしながら，子どもたちの実態や教師の願いによって，場面や数値を変更することは『あたりまえ』である。

Q6 解決のときにヒントは必要？

　子どもたち一人ひとりのつまずきに応じた指導・支援をしたいという思いは，先生ならもっているだろう。「子どもたち一人ひとりを大切にしたい」という願いは，『あたりまえ』である。しかし，いくらきめ細かくヒントカードを作成し，子どもたち一人ひとりのつまずきに対応しようとしても，無理であろう。なぜなら，子どもたち一人ひとりは，みんな異なった考え方をし，その考え方は刻一刻と変化しているのであるから。

　江橋先生は，ヒントカードによって，「教えてもらうのをただ待っている子どもたち。完全に受け身で，関わり合いや学び合いから遠ざかっている子どもたち」になることを危惧している。それよりも，「子どもたちが関わり合いの中で，キーとなるものを自分で見つけ，自分なりの考えをもつ」ことが大切であると述べている。

　事例では，「カードの数の和は7になる」「カードの数の和は4になる」という解決のための条件を，個人ではなく，みんなで考える場を設定することで，子ども一人ひとりが意欲的に考え始める場面を紹介している。子どもたちの発言をつなぎ，整理し，共有させることで，子どもたち一人ひとりが，自分の考えと同じもの，異なるもの，欠けているものを明確にしていくことが大切である。個に応じた指導と個別の指導とが同義語にならないようにしていく必要があるだろう。

> 子どもたち一人ひとりのつまずきを把握し，個に応じた指導・支援をすることは『あたりまえ』である。

❸ 『あたりまえ』の答えは，子どもの中にある

　近頃，各学校では「○○スタンダード」というように，学校独自の『あたりまえ』を作成する取り組みが多く見られるようになっている。その背景には，若手教員の増大や，様々なニーズに組織的に対応する必要性などがあるのであろう。このような取り組み自体に反対するつもりは全くない。むしろ，これまで学校には欠けていた視点だったと思う。
　ここで，大切なことは，誰のための『あたりまえ』なのかを明確にし，『あたりまえ』が形骸化しないようにすることである。
　先日，無印良品の「仕組み化」について，テレビで紹介されていた。無印良品の会社には，2000ページを超えるマニュアル（あたりまえ）が存在するという。これを覚えるだけでも大変なことであろうし，全てを実践できるのであろうかという思いでテレビを見ていた。2000ページのマニュアルで，社員は型にはめられ，息苦しい雰囲気で仕事をしているに違いないと思っていたのだが，会社の雰囲気は正反対であり，社員のいきいきと働く姿が映し出されていた。その秘密は，次のような「仕組み化」の意義にあるようだ。
　① 知恵と経験を共有できる。
　② 仕事を標準化することで，改善の土台ができる。
　③ 社員教育を効率化できる。
　④ 業務の目的を共有し，組織に理念を浸透させることができる。
　⑤ 普段の作業を見直し，仕事の本質を見直せる。
　私が感心したのは，⑤の項目である。マニュアルに従って，黙々と仕事をするのではなく，現場の声を吸い上げ，それを反映し，常にマニュアルの見直しを行うことで，仕事の本質を明確にしているのである。よって，社員は自主性や創造性を身につけることができ，マニュアルは形骸化せず，常に最善のものになっているというのである。
　改めて学校に目を向けてみよう。特に若い先生方は，日々試行錯誤しながら授業を行っていることだろう。授業がうまく進まない。子どもたちの反応が少ない。学力が定着しない。様々な悩みの中で，ついついハウツーのようなマニュアルに頼ってみたくなる現実もあるのではないだろうか。そこには，悩みの現象を手っ取り早く解決するための手立てがあるかもしれない。しかし，その手立ては，本質の解決になっているのであろうか。もう一度，見直してほしい。
　授業がうまく進まないとき，子どもたちの反応が少ないとき，学力が定着しないとき。もう一度，顔を上げて子どもたちの表情を見てみよう。子どもたちは，どんな表情で先生のほうを見ているだろうか。子どもたちに楽しそうな，いきいきとした表情が表れるのは，どんな時だったのだろうか。もう一度，思い出してみよう。私は，そこに答えがあるのだと思う。いろいろな『あたりまえ』の手立てはあっても構わない。ただし，その『あたりまえ』の本質は，子どものための『あたりまえ』であるかどうかである。そして，その答えは，子どもの中にあるということである。

> 私の『あたりまえ』。それは，子どもの中にあるということ。

Part 1 算数授業づくりの"あたりまえ"を問い直す〈 授業の導入 編 〉

● 1時間の授業の意義を子どもたちが感じることを願って

国立学園小学校 守屋義彦

❶ 点である授業を線にする

　授業は45分間で終わる。しかし，学習内容は数時間の指導計画に沿って進められる。大切なことは，点である授業をいかに線として成立させるかである。そのためには，1時間の授業が「はじめ—中—おわり」ではなく「はじめ—中—中」という構造を持っているべきではないかと考える。学習内容が続くかぎり，授業のまとめを教師がしてはならない。子ども一人ひとりが，それぞれにその1時間の授業をまとめ，次時へつなげていくことが大切だと考えている。教師がまとめて一件落着になってしまうと，次時へのつながりが弱くなってしまうように思うからである。

　では，このような1時間の授業の終末を迎えるには，どのような準備が必要かと言えば，当然，その授業の「はじめ」の充実ということになる。単元のはじめだけでなく，1時間1時間の授業のはじめを大切にすることが，その時間の意義を子どもたちに伝えることとなり，結果として，子ども自らが解決したいと思うような疑問，その疑問の先にある新たな課題を見出そうとする意欲につながると考えるからである。

　大きな単元の導入についても，ただ面白愉快なことを提示するだけでは意味がなく，しっかりと次時以降につながる知的興味を促すことを考える必要があるわけだが，ここでは1時間の授業に絞っての導入を考えなければならない。どんな"あたりまえ"が，子どもたちの学習意欲と，どう関わっているのか，考えてみたいと思う。

❷ レビューの価値

　大きな単元を登山に例えてみよう。ただ黙々と足元だけをみて山に登り，そのまま下山してきたとしたら，それは登山をしたことにはならないと思う。途中はそうかもしれないが，頂上では開けた景色を振り返り，出発地点を探したり，どれだけ登ってきたのかを確認したり，途中の登山道を探したり，あるいは遠く広がる雄大な自然に目を奪われたりすることに価値がある。だから，辛くても，また登ってみようという気持ちになる。

　もちろん，登山の途中にも区切りがある。少し視界の開けたところで小休止ということになれば，そこからの景色を見るだろう。出発地点を見たり，これからの道程を仰ぎ見たりする。そして，また登り続ける意義を見出して歩き始める。しかし，うっそうとした木立の中での小休止もあるだろう。ここでは体を休め，次の段階への英気を養うにとどまる

だけかもしれない。道標を見て自分の位置を確認し，頂上までの道のりを想像することもあるだろう。その先にある"やるべきこと"を知るのも必要な活動である。

　これはまさに，授業そのものである。したがって，レビューという振り返る活動，つまり前時の復習は当然必要になってくる。ただし，点である授業と授業の間，登山であれば小休止にあたるところは，視界が広がっている時もあるし，うっそうとした林の中のこともあるから，一律に同じ形式の復習をしても意味がない。うっかりすると，これからの学習に向かう意欲を削ぐような復習をしてしまうことにもなりかねない。

　前時の学習の確認だけでなく，そこから生まれた個人的な疑問をクラスの課題にすることもあるだろう。結果として，技能の習熟が必要だということになれば，それを確認して計算や作図といった作業に入ることもある。前時の授業がどこで，どのような状態で終わっているのかをしっかりと考えた上で，レビューの内容を考えなければならない。

❸ 与えられた問題のイメージを作る

　子どもたちは，日々，様々な自分に向かってくる問題を解決しながら生きている。何も起こらない生活はない。忘れ物をした，友達とけんかをした，帰り道で財布を拾ったなどなど…，中には思いも寄らない場面に遭遇することもある。しかし，多くの問題は必要に迫られて解決している。目の前で起こっているので，様々な選択肢を具体的に考えることができ，その中から最もよいものを選んでいる。もちろん，間違った選択もある。しかし，日々の生活が支障なく進んでいるとしたら，その間違った選択も修正しながら生きているに違いない。私は，いつも，このように子どもたちのことを信じている。

　算数の問題であっても同様である。「太郎くんは，リンゴを…」という問題に向き合ったとき，その太郎くんがどれだけ自分と重なるか，それによって問題解決能力に違いが出ると考えている。したがって，ただ文字を写すだけといった「問題文を書く」という活動に，どれだけ価値があるのかは疑問である。もちろん，無駄ではないとは思う。しかし，重要なことは，その問題場面の描写から，いかに算数的構造を見出すかである。書き記した問題文に下線を引いたり，赤で必要部分に丸をつけたりしながら，情報が動き出すのを期待する…。そういう意味で書き記すなら意味がある。しかし，私はこれまで，あまり問題文を書くという作業をしたり，させたりしてきたことがない。教科書の問題文であれば，それを見れば，読めばよい。教師が提示する問題であれば，ワークシートにして配ればい

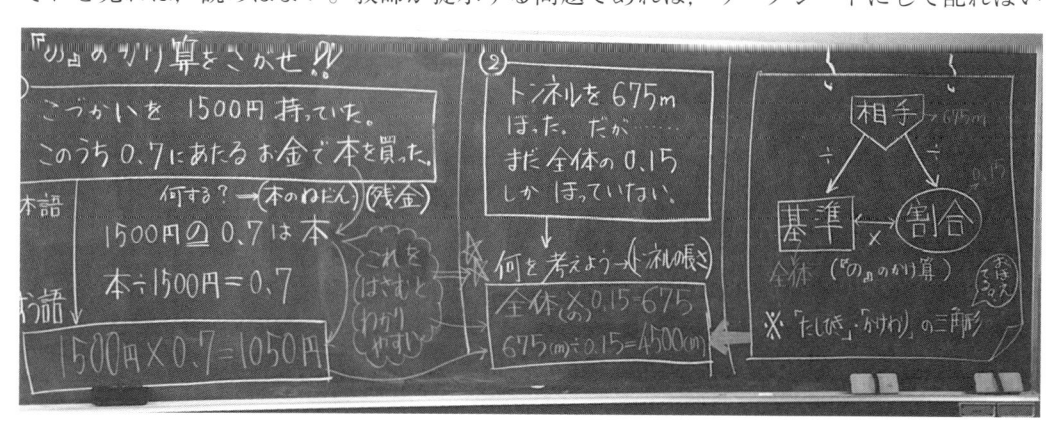

い，そう思っている。太郎くんが解決しようと，自分が解決しようと，そこに心情的な問題は介入しない。算数としては，どこの誰であろうが，リンゴでもミカンでも，とにかく数理的に解決できればよい。したがって，情報処理するために必要な情報だけをピックアップすることが求められる。そして，そのピックアップしたものをどうつなぎ合わせるかをイメージすることが重要である。そのイメージのためのメモ，ノートは必要である。何はともあれ，問題文にあるような場面に，自分を置くことができるかどうかは，極めて重要なことと考えている。そのために問題文を書くことが効果的である子には，それを推奨することも必要である。

❹ 主観が揃うことが客観である

　単元の最初の授業は別にして，連続する途中の授業であれば，前時を受けて，子どもたち自身が疑問や課題を持っていることが望ましい。そして，その疑問や課題が，多くの子どもに共通であることを期待したい。期待できるように仕組むのが教材研究でもある。そのそれぞれの子どもの主観がそろったとき，価値ある客観，つまり「その時間の課題（ねらい）」が生まれる。前時までのレビューの結果であれば，それをまず板書するのもよいだろう。あるいは，暗黙の了解としておき，授業の最後に結果論的に確認することも考えられる。子どもたちの思いがバラバラのときに，教師が一方的にその時間のめあてを決めるのは望ましくない。子どもの意欲を削ぐ結果になると思うからである。また，子どもたちが何の課題ももたずに授業に向かっているのは，なるべく避けたいし，そのようなときに与える「めあて」は，指示待ち人間にしてしまう恐れもあるだろう。

　いずれにしても，めあてがないのはおかしいが，「たし算をつかって」というようなめあてを，授業の最初に提示するのは滑稽である。たし算を使うことに気づく必要もなく，ただたし算をすればよいことになってしまうからである。「めあて」と「まとめ」を書けば，授業になるという考え方は捨てるべきである。何を書くか，書かないか，そしていつ書くかは重要な問題である。

❺ クラスという脳を作ろう

　授業の中で問題を把握することは，クラス全員でその問題を共有し，課題を確認することだと考える。そうだとすると，その後にすぐ自力解決というのはもったいない。指導の賜物としての自力解決を大事にしたいと思う。

　ここからは持論である。お許しいただきたい。

　問題解決の学習では，1題の問題を扱うか，それとも多くの問題を扱うかが，指導方法を決める。一般的には多くの問題を扱っている。易しい問題から徐々に難しいものに触れていくとか，何題かの類似問題を解くとかいった学習をして，その過程で，そこはかとな

く，それらの問題が共通に持っている価値を理解させていくという方法である。しかし，私はそれが苦手である。自分自身が，何のためにやっているのかを見失ってしまうからであり，何のためにやっているのかが明確でないことに努力を惜しまない人間ではないからである。すると，やや抵抗感のある，しかし抵抗感があるからこそ，そこで学習する価値のある本質が，ある程度，あるいは明確に見える問題から学習をはじめる「1題を解く」方法に魅力を感じることになる。そして，そのように授業を計画してきた。

　すると，授業の導入部分が大きく変わってくる。やや難解な問題が提示されることで，まず数理的に処理できる状態に，日本語の文章を算数の言葉（図・表・グラフ…など）に置き換えてみる。そこで既習事項と未習事項とを洗い出してみる。その未習事項の中にこれから学習する内容があるわけだが，それについても既習事項の応用ができないかなどを検討してみる。Aという子が「これはグラフにしてみたらわかりやすいかもしれない」と言えば，すぐに『Aくんの方法』と名づける。そうして，未習事項の学習までが終わり，そこでの学習のポイントが確認できた段階で，はじめて自力解決に入る。子どもたちは，比較的平易な問題であっても，そこに価値ある学習のポイントを見出すことができる。また，そのポイントを意識しながら自力解決することで，その学習内容についての思考力が強化されることにもなる。また，『Aくんの方法』を理解していれば，普段の自分とは異なる思考方法を使うことで，多角的多面的な思考体験もすることができる。つまり，自分という1人の人間の中に，クラス全体の多くの方法が取り込まれるというわけである。これがクラスという脳を作ることである。

　自力解決は必要である。しかし，それはいつ，どこで行うかが肝心である。問題把握をしただけで，すぐに自力解決に入れば，知っている者勝ちになる。そういった自力解決の後の議論では，知っている者優位の状況が生まれてくる。よほど強い意思がないかぎり，自信のない者の発言権は奪われてしまう。

　そういった意味からも，最近話題となっている「反転授業」は，少なくとも，小学生には馴染まない授業方法だと断言したい。疑問や課題を生み出す「考える」という活動の前に，無防備に「学ぶ」という活動を入れるのは危険すぎる。学びの方向が定められすぎると思うからである。

　そこで，教科書の使い方を変えてみることも考えられる。教科書は，学習内容への動機づけから入るのが一般的である。したがって，最初に出合う問題は比較的容易である。しかし，当然であるが，そこで身につけさせたい本質としてはやや弱さがある。だとしたら，教科書の数値を変えるとか，オープンエンド的な問題にするとかいうのではなく，単元末問題から授業をしてみるというのはどうだろう。その問題には，その単元での学習内容の本質が込められている。その本質を，問題を掻き分けながら発見していく…。そんな授業があってもいいと思う。

私の考える"あたりまえ"

先生のお考えを書いてみてください

Q1 ●前時の復習をしなければいけないの？

Q2 ●問題文は書かないといけないの？

Q3 ●めあてを必ず書かないといけないの？
●めあては誰のためのめあてなの？ 誰が書くの？

Q4 ●自力解決の時間はたっぷりとらないといけないの？

Q5 ●教科書の数値を変えていいの？

Q6 ●解決のときにヒント（ヒントカード）は必要？
●机間指導のときに間違いを直さないといけないの？

Part 1
授業の導入 編

Part 2 授業の中盤 編

Question 7
- ペア・グループの話し合いは有効なの？

Question 8
- 図・式・数直線は絶対にかかないといけないの？

Question 10
- 発表のときに画用紙（ホワイトボード）になぜ書くの？
- 必ず多様な考えを出さなければいけないの？

Question 9
- 友達の発言に「いいです」「同じです」と言わなければいけないの？

Question 11
- 「はかせどん」を必ず決めなければいけないの？

Question 12
- 説明を文章で書かなければいけないの？

Question 13
- 先生がしゃべる授業はよくない授業なの？

Q7

静岡県函南町立函南小学校 **大桑政記** 私の主張

ペア・グループの話し合いは有効なの？

● ペア・グループでの話し合いは有効ではない？

　問題解決型の授業。自力解決の後，ペアやグループなど小集団で話し合い，全体での練り上げへ。しかし，全体で取り上げたいつまずきは小集団で解決してしまい，全体での練り上げは「発表会」に…。私はこのような展開を何度も繰り返してきた。特に校内研の公開授業などでは顕著であった。では，小集団での話し合いは全く有効ではないのだろうか？

● 有効に働いた実践～小数と分数の計算・資料の整理～

① 教材について

　本教材は『みんなと学ぶ小学校算数　6年上』（学校図書）の「小数と分数の計算」の問題であるが，「資料の整理」とも関わるため，合単元的に扱った。

② 導入

　走り幅跳びの結果として右のデータを提示し，「4回目に一番遠くに跳ぶのは誰でしょう」と投げかけた。子どもからは，「わかるわけない！」「たぶんでいい？」などという声があがったので，

(m)

回数 名前	1回目	2回目	3回目
こういち	2.56	2.43	2.54
ゆき	2.53	2.51	2.61
あきら	2.62	2.52	2.51
さなえ	2.51	2.49	2.53

『みんなと学ぶ小学校算数6年上』P56より

「もし，あなたがこのチームのコーチだったら，どの選手を代表にするかな？」

と尋ねた。どの選手を選ぶか決めた上で，理由をノートにメモするようにした。ただし，この時点では全員が立場をもてるように，「なんとなく」でもよいとした。意見は4つに分かれた。他の子も自分と同じ選手を選んでいると思っていた子も多く，意見が分かれたことで「え！」という驚きの声も聞こえた。特に「さなえさん」を選んだ友達がいることには多くの子どもたちが驚いていた。

③ グループでの話し合い

　同じ選手を選んだ子ども同士でグループを作り，その選手を選んだ理由を話し合った。導入の段階では「なんとなく」選んだ子どももいるので，意見を交流することで根拠を明確にしていった。個別に意見を書いたときには理由を言葉で書いている子どもが多かったが，グループでの話し合いを経て式を用いる子どもが増えた。

　本時の内容では，正解がないので全体に共有したいつまずきがグループで淘汰される

心配もない。どのグループも自分が選んだ理由を明確にするために活発な話し合いをしていた。

「さなえさん」を選んだのは算数に苦手意識をもつ3人のグループであった。自力解決の段階では3人とも理由をノートにメモできなかったが、後述のように3人で話し合ったことにより、練り上げ場面で他の友達を納得させる理由を導き出した。

④ **全体での練り上げ〜グループでの話し合いを生かして〜**

全体での話し合いでは、まず自分と違う意見の理由を予想して数人が発表した。平均で考えると「あきらさん」と「ゆきさん」になることは比較的わかりやすく、他のグループの子どもも容易に予想できた。ただ、平均では2人とも同じなので、「あきらさん」「ゆきさん」それぞれを選んだ理由は選んだグループの子が発表した。

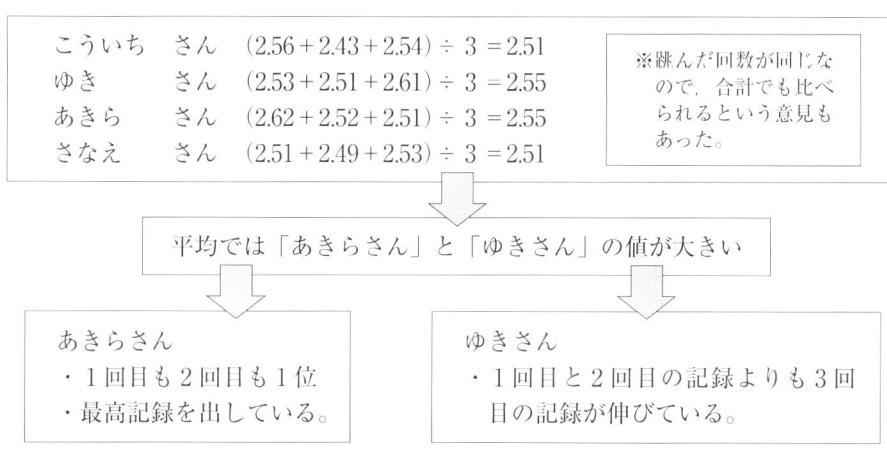

こういち さん	$(2.56+2.43+2.54)÷3=2.51$
ゆき さん	$(2.53+2.51+2.61)÷3=2.55$
あきら さん	$(2.62+2.52+2.51)÷3=2.55$
さなえ さん	$(2.51+2.49+2.53)÷3=2.51$

※跳んだ回数が同じなので、合計でも比べられるという意見もあった。

↓

平均では「あきらさん」と「ゆきさん」の値が大きい

↓　　　　　　　　　　　　　↓

あきらさん
・1回目も2回目も1位
・最高記録を出している。

ゆきさん
・1回目と2回目の記録よりも3回目の記録が伸びている。

次に「こういちさん」を選んだ理由として、「2回目から3回目の伸びが大きい」という意見が出た。それを確認するために全員で計算してみると、右のように計算した子がいた。「（整数部分の）2は全員同じだから、取って計算しました」ということだった。グループでの話し合いでは出ていない考え方であった。

こういちさん	$54-43=11$
ゆき さん	$61-51=10$
あきら さん	$51-52=?$
さなえ さん	$53-49=4$

最後に「さなえさん」を選んだ理由を確認した。初めから「さなえさん」を選んだ子どもが「力が安定しているから」と発言した。ここでは、2，3人の子が「あぁ！」と納得の声を上げた。さらに、「小数第二位を四捨五入すると全部2.5になる」という意見が発表されると、大きな拍手が起こった。

● **必要か否かの見極めが大切！**

本時のように、多様な意見を出し、それぞれの優越のないオープンエンドの問題では、ペアやグループの話し合いは有効と言える。「自力解決→ペア・グループの話し合い→練り上げ→まとめ」という型を目的化することなく、授業のねらいや子どもの実態に応じてペア・グループによる話し合い活動が必要かどうか見極めることが大切である。

Q7

秋田県湯沢市立稲川中学校 倉田一広 私の主張

ペア・グループの話し合いは有効なの？

❶ ペア・グループの話し合いは，有効である!!

　「ペア・グループの話し合いは有効なの？」この問いに対する答え，すなわち，結論から言うと，「有効である」と私は思う。

　それでは，「『有効である』と言えるその根拠は？」この問いに対する答えとしては，いくつか考えられる。

(1) **答えや解決方法の見通しをもつきっかけになる**

　まず，問題が提示されたときに，よくわからない，解決の見通しがもてないという子どもにとって，答えや解決方法の見通しがもてるきっかけになる。その際，友達の話を聞いても，よくわからない場合に，「どうして？」とすぐに聞くこともできる。

(2) **自分の考えが確かなものになる**

　また，自分の考えをもっている子どもにとっても，話すことによって，その考えが確かなものになる。もし，その後一斉の中で説明する場合も，スムーズに説明することができる。

(3) **説明する機会や友達の考えを聞く機会が増える**

　説明するという面から考えると，学習形態が一斉のときよりも，説明する機会が増える。一斉では，説明する子どもが一人に対して，その説明を聞く子どもは，説明する子ども以外のすべての子どもになる。それに比べ，ペアやグループになると，同じ時間でも，説明する子どもがクラスの半分，$\frac{1}{3}$ になる。自分の考えを伝える場面が増えるとともに，友達の考えを聞く場面も増える。

(4) **自己評価ができる**

　友達の話を聞いて，「わかった」「なるほど」という反応があることは，とてもいいことだが，本当に自分の力になっているかどうかは，自分で説明してみないとわからない。そのことをペアやグループだと一度にたくさんの子どもが確かめられる。

(5) **よりよい考えを作り上げることができる**

　多様な考え方ができ，多様な解決方法がある問題であれば，自分が考えていなかった考え方や解決方法にふれる機会が，一斉の形態よりもペアやグループのほうが多くなる。その多様な考え方や解決方法について，比較検討することにより，よりよい考え方や解決方法を作り上げていくこともできる。

(6) **説明する力がつく**

　例えば，問題の解き方をグループで分担して説明する場面を設定した場合は，その考え方が他のグループの友達によりわかりやすく伝わるようにするために，考え方を話す

人，図を示す人など，グループで役割分担をしたり，説明に必要なものを準備したりすることで，説明しようとする態度や説明する力も育てることができる。

❷ 具体的な実践例

5年「正多角形と円」〜「円周」と「直径」の関係を考える学習〜の授業場面から

(1) 問題提示の場面

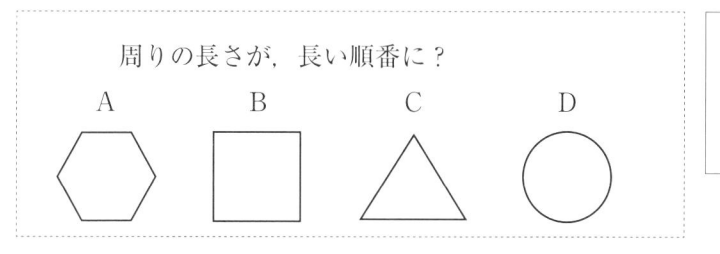

```
周りの長さが，長い順番に？
 A      B      C      D
 六角形  正方形  三角形  円
```

A　一辺が2cmの正六角形
B　一辺が4cmの正方形
C　一辺が4cmの正三角形
D　直径が4cmの円

「円周を計算で求めたい」「どうやって，求めたらいいのか」という問いをもたせたいと考え，このような問題・導入にした。

上の図を提示し，「周りの長さが，長い順番にする」という問題であることを確かめた。(このとき，上記のような数値は，提示しない)

そして，「できそうな人？」と全員に問いかける。挙手をさせた後で，「どうやって調べるか，隣の人と話をしてみて」と伝え，ペアでの話し合いの場面をつくる。解決の見通しをもたせるためである。

(2) 問題解決の場面

上の問題をプリントにして全員に配る。

まず，一人で，4つの周りの長さを求め，比べさせる。その後で，グループにして，自分が求めたこと・比べたこと・考えていること・困っていることなどを話し合わせる。自分の考えを話すことでその考えを確かなものにするためである。また，友達の考えを聞くことにより，共通の問いがあることに気づかせたいためでもある。

その後，「全部調べられたか」「困っていることはないか」と発問した。

すると，「A＝C＝12cm　B＝16cm で，3つの中では，Bが一番長い」ということがわかった。

しかし，「Dも，計算で求めたいけど，求められない」「何をもとにして考えたらいいかわからない」などの問いが出された。

そこで，「Dの周りの長さは，どうやって求めたらいいのか？」と発問した。

すると，図形（プリント）を重ねて比べた子どもから，「Dは，Bの中に入るからBよりも短い」「Dの中に，Aが入るから，Aよりも長い」という考えが出された。

そして，Dの周りの長さを，直径をもとに考えた子どもから，「だったら，Dの周りの長さは，直径の3倍よりは長く，4倍よりは短い」という考えが出された。

授業の終末では，本時の学習でわかったことやまだすっきりしていないことなどを整理し，「次の時間は，円周は，直径の何倍なのかをさらに考えます」と伝え，授業を終えた。

Q8 図・式・数直線は絶対にかかないといけないの？

山梨大学 一瀬孝仁 私の主張

● 図・式・数直線はかかせるべきである！

　授業の中盤における自力解決の場面で，子どもたちは自分の考えやアイデアを様々な方法を用いて表現する。その一つが図であり，式であり，数直線である。

　「図・式・数直線は絶対にかかないといけないの？」と問われたら，私は，かかせるべきであるという立場をとりたい。算数の問題をどのように解決するかといえば，我々大人でも何もかかずに頭の中だけで問題を解決することはほとんどしない。かくことでなんとかして解決できるように方法を考えたり，自分の考えを整理したりしていることが多い。

　ここでは，まず「図・式・数直線をかかせるべきだ！」と主張する理由をあげたい。

　一つ目は，子ども自身が自分の解決の仕方を表現する場を作ることで，自分の考えについて見直すことができるということである。例えば，問題の内容を理解し，念頭で立式し求答に至る子どもでも，そう考えた根拠を示すとなると，これはなかなか難しい。また，それをクラスの友達に説明しなくてはならない場面に直面した場合には，自分の考えを伝えるためにどうしても図などをかいて説明をしなくてはならない。頭の中でなんとなくわかっていたつもりでも，自分の解決の仕方をかくことで，曖昧だった自分の考えを顕在化させ見直すことができるのである。このことは自分の考えの妥当性を確かめることにもつながると考えてよいだろう。

　二つ目は，子どもが図や式，数直線などを用いて自分の考えをクラスの友達に伝えることで，互いの考えを共有する場面が生まれるということである。今，さかんに言われている「学び合う」「伝え合う」場面には，式や図などを用いて説明することは欠かせない。しかし，自分の考えを友達や先生に伝えることは思いの外難しいことである。そのために，どのように表現すればよいかを工夫するようになるのではないだろうか。

　三つ目は，教師側の評価の問題である。図や式，数直線から子どもの思考の足跡を見ることができるということである。これは，子どもの思考過程を見ることで的確な評価を行うことができるということにつながる。子どもがどこでつまずき，何に困っているのか等をとらえて，フィードバックしていく指導が可能になる。子どもの思考過程が見てとれる式や図等は，授業の中盤における自力解決の場面ではぜひともかかせたいと私は考えている。以上の理由は，「考えることとかくことは表裏一体である」ということを意味しているととらえると，やはり「図・式・数直線はかかせるべきだ！」という結論に至る。

● 実際の授業の場面では…

　3年生の「かけ算の筆算（3桁×1桁のかけ算）」の問題場面を例にあげて，上記のこと

を詳しく述べたい。

> 1mのねだんが312円のリボンを3m買います。代金はいくらですか？

という教科書問題を扱う。

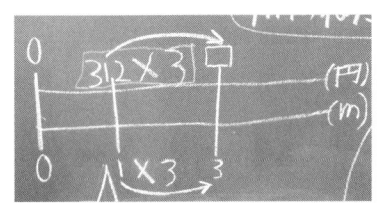

子どもたちは，まず，数直線を用いて立式を行う。数直線は，立式の根拠，計算の意味や計算の仕方を表すものである。なぜ，312×3としてよいのかを数直線を根拠に説明することができる。実際の授業では，子どもたちは立式の根拠を次のように説明している。

C：「1mのねだんが312円のリボンの3m分だから」
C：「倍倍だから（倍倍＝リボンの長さが3倍になったので，値段も3倍になる）」

数直線をかくことで，問題の背景にある比例関係を顕在化させている。かけ算を学習しているから問題文に登場している2数をかければよいといった貧弱な学びではない。

文章問題における数直線活用の問題解決は，とりわけ導入場面においては絶対にかかせたい数学的表現の一つであると考えている。

また，子どもたちは，立式後は図を用いて答えを求めることになる。「式がわかれば筆算で計算すればいい」「筆算なら知ってる」と言う子どもに，「（筆算では）なぜ，そう計算していいの？」と問うと戸惑うことが多い。説明をさせても計算の手順を説明しているにすぎないことが多い。つまり，意味理解が曖昧なのである。このような場合にこそ，図を用いて解決することが大切になってくる。

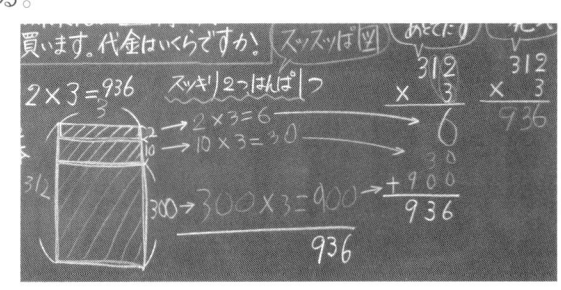

312×3の答えを求めようと既習の図（2桁×1桁）を発展させて子どもたちは問題解決を行う。右図のような図を用いて，なぜ312×3の答えが936になるのかを説明する。「こんな計算，簡単簡単！」と暗算で求答に至った子どもも式と図を行き来しながら，なぜ答えが936になるのかの構造を視覚的にも理解することができる。この求積方法は，部分積を求めて最後にたすという筆算の仕方そのものを表している。筆算の仕方を説明する際の根拠ともなる図である。

● やっぱり…かかせるべきである！

これまで述べてきたように，特に意味指導を丁寧に行う導入場面では，数直線や図をかくことを大切にしたい。

本実践のように，求積方法が筆算の仕方に直接結びつくような問題では，意味理解を確かなものにするためにも絶対に図表現は必要である。

ここでは，意味理解を扱う場面において，数直線を用いて立式することや図を用いて計算の仕方を考える際の有効性について述べてきた。これが，徐々に計算の仕方や筆算の仕組みを理解し形式化されてくれば，当然全ての問題を数直線や図を用いて解決していく必要はない。次段階として，むしろ念頭で解決していける力をつけさせるべきであろう。

Q8 図・式・数直線は絶対にかかないといけないの？

札幌市立山の手南小学校　中村光晴　私の主張

　図・式・数直線を用いると，問題解決に役立つというよさ，教室の仲間に自分の考えをわかりやすく伝達できるというよさがある。けれども，図・式・数直線を用いるよさを子ども自身が感じ取っていなければ，子どもは自らかこうとはしない。

　授業において，図・式・数直線を用いるよさを感じ取れるようにしていく。そうすると，子どもは「図・式・数直線をまた，用いたい」と思う。「必要だから図をかく」という状況を生み出し，図を用いるよさを感じ取れるようにした，1年「ずをつかってかんがえよう」の授業を紹介する。本時のねらいは，「重なりのある2つの集合の数を求める活動を通して，言葉，式，図などを用いて求め方について考え，説明することができる」である。

❶ ぱっと見せてすぐに見えなくする提示をする

絵1

　絵1をテレビの画面に映し出し，すぐに見えなくした。そして，「どんな動物さんがいたでしょう？」と問いかけた。「さるがいた」「ぞうさんがいた」などと，子どもは答えていった。再度，絵1をぱっと見せて，すぐに見えなくした。そうして，誰がいるのかを確認するとともに，学校の全児童が9人であることを押さえた。

　なお，動物の数詞には，「匹」「頭」がある。本時は，動物を人と見て数詞を「人」で統一することを押さえた。

　どうぶつ学校のみなさんは，きつね，さる，犬，ぶた，ライオン，パンダ，たぬき，ぞう，くまです。中休みにあそんだのはなん人？

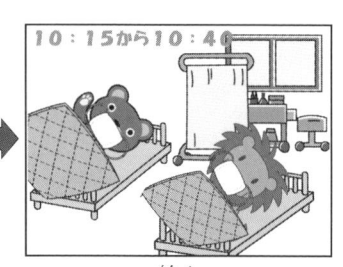

絵2　→　絵3　→　絵4

　絵2，絵3，絵4の順で画像をテレビの画面に映し出していく。ここでも，ぱっと見せて，すぐに見えなくした。「何人，いたかな？　人数，どうやって考えたのかをノートにかきましょう」と指示した。自分の考えを固めるために，かく場を設定したのである。

「6人」「7人」「10人」。子どもから出された中休みに遊んだ人数を板書し，ずれを浮き彫りにした。「えっ？　おかしいよ！」「何で？」という声があがった。

10人と考えた子が多かった。「10人は，どうやって考えたのだろう？」と問いかけた。考えを読み取る場を設定したのである。「グラウンドに6人いて，体育館に4人いた」「6人と4人を合わせて10人」「6＋4＝10で，10人」「保健室の2人は関係ないから，数えなくていい」などと，考えが出されていった。

すると，「全校児童より多いから変！」「2回出ている人がいた」という声があがった。「10人だとおかしい，と言う人がいるんだけど，どういうことだろう？」と，学級全体に問い返した。ペアで説明し合う場を設定し，学級全体の話し合いに入るようにした。

❷「中休みに遊んだのは誰か？」をはっきりさせるためにかく

学級全体の話し合いでは，「10人だったら，全校児童の9人より多い」「きつねさんが外と体育館にいた」などと，考えが出されていく。こうして，中休みに遊んだのが10人ではない理由が共有された。しかし，中休みに遊んだ人数を求めることが本時の課題である。

「中休みに，遊んだのは何人？」と聞いた。けれども，はっきりしない。「2回出ている人をはっきりさせるといい」「前の時間にやったように，図をノートにかいたらいい」という考えが出された。「ああ」「そうか！」という声が，他の子たちからあがった。

前時までに，子どもは問題場面にある状態を図で表すことを学んでいる。図をかくよさをとらえ直したのである。

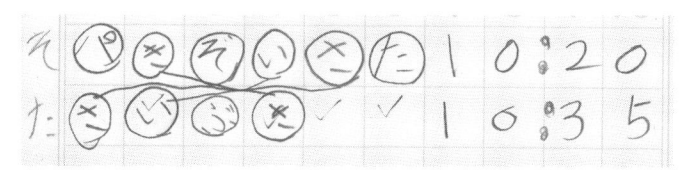

再度，絵2，絵3，絵4の順で画像を映し出す。図を見せる時間をちょっと長めにした。子どもはノートに図をかいていく。学級全体の話し合いでは，黒板に図を位置づけ，どこに誰がいたのかを見えるようにした。こうして，中休みに遊んだのは7人であることが明らかになった。

❸ 適用問題に取り組むようにする

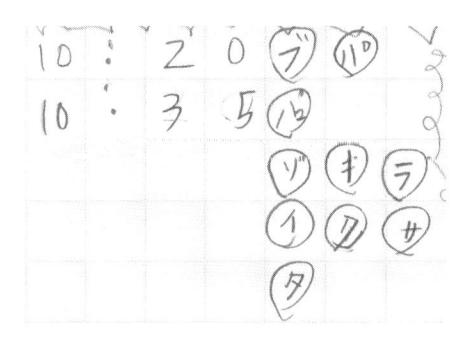

授業の終末では，本時に培った見方や考え方の定着を図るため，適用問題に取り組むようにした。

グラウンドにパンダとぶた，体育館にパンダ，保健室にくま，ぞう，たぬき，犬，さる，きつね，ライオンがいる図をぱっと見せて，すぐに見えなくする提示をした。

図をかくよさをとらえた子は，自らノートに図をかいていく。子どもは，中休みに遊んだのは2人であることをとらえた。「保健室に7人いたから，2人とわかる」「子どもがグラウンドと体育館で絶対に遊ぶとしたら，保健室にいる人数で中休みに遊んだ人の数がわかる」「9－2＝7で，7人になる」という考えも出された。

Q9 友達の発言に「いいです」「同じです」と言わなければいけないの？

上越教育大学附属小学校 仲村　恵　私の主張

❶ 私の授業の変化

「この問題は，こうやって考えました。答えは○○です」
「いいで〜す」「同じで〜す」
　一人の子どもが発言する。その発言を聞いていた周囲の子どもが「いいです」と口を揃えて答える。
　「友達の考えを聞いて，よければ"いいです"，違うなら"違います"と言いなさい」と指導した結果である。教師になったばかりの私の教室で，毎日のように繰り返された光景である。
　今の私の教室では，「いいです」「同じです」など一斉に言う声は聞こえてこない。この変化の背景には，授業で何を大切にしたいのかということを考え直し，自分自身の中に大切にしたいことが見えてきたからである。
　私は，自分自身の授業が，答え（結果）のみを共有させていることに気づいた。最も共有したいのは，問題にたどり着くまでの過程である。その過程にこそ，数学的な考え方が発揮される。私は，次のような子どもの声が聞こえる授業を目指すようになった。それは，これらの言葉は，考えている過程にこそ表出される言葉だからである。

> 「え？　ちょっと待って」「あれ？　おかしいな」「できないんじゃない？」
> 「それだとおかしいことになる」「絶対に〜」「〜のはずなのに」…

❷ 過程を共有する授業

　4月。入学したばかりの1年生との授業である。数字カードと絵カードを用いたカード合わせゲームを行った。数の抽象性に気づかせるとともに，自分から数に働きかける姿を育てることをねらった授業である。対応するカードがない状況に出合わせることで，「おかしいよ」「たりないよ」という子どもの声を引き出し，自分から必要なカードを作ろうとする姿が生まれた。

◆ "ぴったり"を見つけよう〜「10までの数」「いくつといくつ」〜
　まず，1〜6までの数字カードと6枚の絵カードを裏返して提示した。「ぴったりなカードを見つけよう」と投げかけ，カード合わせゲームがスタートした。子どもは，数字カードと絵カードを合わせて，「これとこれがぴったり！」とぴったり合うカードの組み合

わせをどんどん見つけていった。

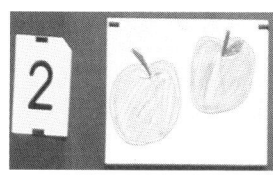

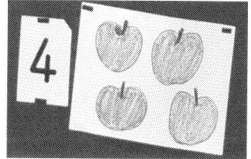

「これとこれはぴったりだね」

さらにゲームは続く。「3」と「6」の数カードと絵カードが2枚残っている。ここには，子どもが動き出す仕掛けがある。残った絵カードは，右のように，どちらも「3」のカードとぴったりな絵カードである。子どもは，「りんごが3こ」

「3の絵カードは2枚あるね」

でも「子どもが3人」でもどちらも「3」を表すことを説明した。数の抽象性にかかわる発言である。

　さあ，ここからが楽しみな場面だ。残ったカードは，「6」の数カード。絵カードはもうない。子どもがどのように動き出すかわくわくする気持ちをおさえながら，冷静さを保ち，子どもを見つめた。

　「あれ？　6とぴったりな絵カードがないよ」という声が聞こえてきた。その声に多くの子どもも賛同している。そこで，「そうか。6をひくと，はずれになっちゃうんだね。残念なカードだったね」と投げかけ，再び子どもの動きを見つめた。すると，「6（のカード）を作ればいい」という子どもが現れた。同時に，「作らなくても，2こ取ってもいいならできる」とA児が手を挙げた。「2こ取ってもいいってどういうこと？」と他の子どもに尋ねると，A児が言おうとしていることに気づき始めた子どもが騒ぎ始めた。「ああ，できるできる！」と大喜びである。「2このりんご」と「4このりんご」をくっつけて「6このりんご」ができた。「6」の数字カードとぴったりだと喜ぶ。また，「1人の子ども」と「5人の子ども」の絵カードをくっつけて，「子どもが6人」。これも「6」とぴったりだと喜ぶ。この調子でさらに，「3人の子ども」と「3このりんご」もくっつけると，「6」になるという声があがった。「でも，これっていいの？」という声もあがった。「3人」と「3こ」で「6…」と単位が揃わないからおかしい感じがするというのである。

　ここでは，あまり深入りしなかったが，この"おかしい感じがする"という感覚を大切にしたい。この違和感は，たし算の学習でもっとはっきりしたものになるはずである。

　今，私は，答えにたどり着くまでの過程にこそ，子どもの考える力が発揮される場面があり，自分から動き出す瞬間があると感じている。ぴったり一致するカードがないときに，自分で絵をかこうとしたり，2枚のカードを組み合わせようとしたりする姿は，自分から数に働きかけようとする力強い姿であるととらえている。1年生の4月から，こうした姿を引き出し，考える過程を友達と共有する楽しさを実感できる授業を展開することが大切である。

Q9 友達の発言に「いいです」「同じです」と言わなければいけないの？

日本女子大学附属豊明小学校 宮城和彦 私の主張

●『いや，できるよ！　だってさぁ…』

　本実践は，単元名「おおきなかず」（1年生）の〈たしざん〉である。

　授業の導入は，2＋3，6＋4，6＋7，7＋8のような既習事項の簡単な計算である。上記の式を黒板に一つずつ書いて答えを言わせた。

　「なんだぁ，簡単だよ」

　「すぐできるよ」

　「また，練習？」

という子どもの声。

　この「なんだぁ」とか「また」という言葉がいい。本題に入る時に，子どもに（えっ？）（何するの？）（何が始まるの？）という気持ちをもたせられるからである。

　「では，これはできるかなぁ？」

と問いかけながら20＋30の式を板書する。

　「できませーん！」

　「習ってませーん！」

　なかには無言で黒板を見つめ，何やら考えているのか，お手上げなのか，反応が様々で面白い。その反応の中に

　「いや，できるよ！　だってさ…」

　クラスの子どもは，言いたがりで何かに気がついたり，ひらめいたりすると黙っていられない。この「だってさ…」と切り込んできた子は，次のように言葉を続けていた。

　「2＋3でしょ！」

　20＋30の答えが2＋3のはずがない。この子がこの後にどんな発言を続け，クラスの他の子どもをどのように納得させていくのかとても楽しみになってきたので，この子の発言にみんなの耳を傾けさせた。

　「0を消すといいんだよ！」

　簡単に言い終えてしまい，クラスの子はあっけにとられてしまった。すると，ちょっと間を置き，別の子が

　「それじゃ答えが5でしょ」

と切り返した。ほとんどの子がその発言にうなずく。できるといった子は，必死に言葉をつないでなんとか説明しようとし，あきらめない。

　そうしている間に，また別の子が，

　「先生，ブロックでできた…」

と続き，さんすうセットに入っている白と黄色2色の両面マグネットブロックでその話をしてくれた。

「この1個に10個入ってるの。で，2個で20個でしょ。3個で30個でしょ。だから10個入っているのが，2個と3個で5個。だから2＋3＝5でしょ」

この気づきと，なじみのある道具で話をすることができたのはお見事である。みんなはにこにこ顔。拍手も自然に起こった。

最初に「2＋3でしょ」と切り込んできた子も嬉しそう。この子もさらに前進する。

「だったら，黄色のブロックを裏にして，白が10のつもりにしようよ」

実にいいアイデアである。みんなの持っているブロックで取り組ませてみると，2＋3になる理由が，視覚的によく見えてきた。

そして，最後に

「10のつもりが2こ，10のつもりが3こ，合わせて10のつもりが5こ」だから「20＋30＝50」

と板書して，まとめた。すると，

「先生，ケーキと同じだよ！」

と発言する子がいた。そのわけを聞くと，

「だって1こ（1ホール）のケーキを10こに切れば，1こで10こでしょ」

10を1と見るたとえを，1年生らしい目線で説明している。かわいらしく，日頃の生活と結びつけられる感性が素敵だなと思った瞬間だった。

●『子どもを信じよう。子どもの発言を楽しもう。』

『子どもとともに授業を創る』これが授業者としての自分の目標である。1年生は，相手にどう伝えるかということを考えて言葉を選択しながら発言することよりも，授業者や友達の言葉に瞬時に反応し，思い切りよく，自分にひらめいたこと，見えたことを話すことができる。しかし，「みなさんどうですか？」という教師の問いかけによって，「いいです」「同じです」に流されてしまい，それ以上の子どものひらめきや，思考の深まり，発展的な広がりを奪ってしまっている場面があるのではないかと思うこともある。

教師対子どものやりとりから始まる授業のスタートも，次第に子ども同士で楽しめるようにするためには，まず教師が子どもを信じ，間を大事にし，すぐ口を挟まず，言いたいことを最後まで言わせ，間違ったことでもそのことに子ども自身が気づき，互いに教え合える雰囲気を日頃から作ることが必要である。そして，「でも」「だって」「だったら」と子ども同士が関わりながら広げていこうとする言葉を，授業者が司会者のような立場で結びつけていき，子どもの中に新しいものが見えてくるようにすることが授業者の役割であると考える。

Q10

森村学園初等部 **時川郁夫** 私の主張

発表のときに画用紙（ホワイトボード）になぜ書くの？
必ず多様な考えを出さなければいけないの？

　私自身，「画用紙（ホワイトボード）」の使用は，以前に何回か試みたことがある程度で実践経験は乏しい。子どもたちの考えた式・図をそのまま提示・共有できること，子どもによる板書の時間短縮，提示してから移動が可能等のメリットがあることは理解している。直筆の図・式を説明する子ども，それを注視する子どもたちの姿は魅力的である。このメリットが生かせる単元・授業であるかによって使用するか否かの判断をしたい。

　「多様な考え方」については，「子どもたちが考えることを楽しむ・考える力を高める授業」を目指す中で，「画用紙（ホワイトボード）」使用の有無にかかわらず，最も大切にしたい重要ポイントである。たとえ知識・技能の伝達を目的とする授業であっても，「テストで点を取る力」を意識しての授業であっても，可能な限り「子どもたちの考え」を認める・価値づける活動を組み入れたい。多様な考え方を「出さなければいけない」ではなく，「出てくる」授業にこそ価値がある，「出てくる」ことを楽しみたい。「出さなければいけない」と重荷に思う感覚からの脱却をおすすめしたい。

　そう結論づけた上で，「画用紙（ホワイトボード）」を現在進めている授業の中で使用するとしたら，どの場面でどう使うことが有効か，どの場面でどう使うことが不適切なのか考えてみた。

●**有効な場合**《短時間に複数提示し，多様な考えを比較検討する時》

　「分数＋分数，答えが1になる式をノートにできるだけたくさん書いてください。時間はたったの1分間です。ヨーイドン！」

　「はい！　そこまで！　では，配った画用紙に最初に思いついた式を書いてください」

　「席の順番に黒板に貼ります。ではAさんからどうぞ！」

※クラス全員分の「最初に思いついた式」が提示されたことによって，どの式が最も多かったのかがわかる黒板になっているはずである。また，自分とは違う他の式を見つけることもできる。画用紙に書いて全員分掲示するからこそ見えることだと言えるだろう。

　$\boxed{\frac{1}{2}+\frac{1}{2}=1}$

　「これが一番多かったですね」

　$\boxed{\frac{1}{10}+\frac{9}{10}=1}$　$\boxed{\frac{5}{10}+\frac{5}{10}=1}$　等々

　「でも他の式を書いている人も□人いますね」

※ここから授業はそれぞれの「最初に思いついた式」の次に思いついた式を予想する（予想し合う）活動に進む。その中でも画用紙に書いて掲示できることを生かす活動は考えられる。

　「$\boxed{\frac{1}{2}+\frac{1}{2}=1}$の式を考えた人が多かったことがわかりましたが，この式を最初に思い

ついた人たちは2番目に考えた式も3番目に考えた式も同じだったのでしょうか。みんなで予想してみましょう」
「2番目の式が書けた人は黒板に貼りに来てください」
※ $\frac{2}{4}+\frac{2}{4}=1$ ・ $\frac{1}{3}+\frac{2}{3}=1$ など意見が分かれるであろう。これについても画用紙の位置を動かすことで，同じ $\frac{1}{2}+\frac{1}{2}=1$ から発想が多様に広がってることを示すことがわかる板書に構成することが可能である。授業としては3番目4番目を予想し合い，
$\frac{1}{2}+\frac{1}{2}=1$ ・ $\frac{1}{3}+\frac{2}{3}=1$ ・ $\frac{1}{4}+\frac{3}{4}=1$ …と
$\frac{1}{2}+\frac{1}{2}=1$ ・ $\frac{2}{4}+\frac{2}{4}=1$ ・ $\frac{3}{6}+\frac{3}{6}=1$ ・ $\frac{4}{8}+\frac{4}{8}=1$ の広がり方が違うことを確認したい。後者については $\frac{2}{4}+\frac{2}{4}=1$ から $\frac{4}{8}+\frac{4}{8}=1$ ・ $\frac{8}{16}+\frac{8}{16}=1$ へ広がる次の分岐も現れる。この整理の際には画用紙に残した「よさ」が発揮されるのではなかろうか。また，子どもたちの意見・つぶやきの中から「約分したら同じだ！」を引き出すことができれば，「約分すると同じ $\frac{1}{2}+\frac{1}{2}=1$ に戻る式」を集めて整理する活動も黒板上で展開できる。

●不適切な場合Ⅰ《1つの式・図・表について時間をかけ，深く検討したい時》
「帯分数×真分数の計算の仕方を考えよう」
※真分数×真分数の学習を終えた次の授業である。
$2\frac{2}{5} \times \frac{1}{3}$
「仮分数にしてから計算すれば昨日までにやった真分数×真分数のやり方でできます」
$\frac{12}{5} \times \frac{1}{3} = \frac{12}{15} = \frac{4}{5}$
「$2\frac{2}{5}$ は，整数の2と分数の $\frac{2}{5}$ を合わせた数ということだから，分けて計算してあとでたせばできます」
$2 \times \frac{1}{3} + \frac{2}{5} \times \frac{1}{3} = \frac{2}{3} + \frac{2}{15} = \frac{10}{15} + \frac{2}{15}$
$= \frac{12}{15} = \frac{4}{5}$

考え方に多様性が比較的小さいこのような場面では，この段階ですでに「画用紙（ホワイトボード）」の出番は見えない。それぞれの式の違いが大きく，並べ替えて比較することのよさ・提示位置の工夫によるわかりやすさを見出せないからであろう。
さらに考え方が多岐にわたる分数÷分数の場面では，画用紙のスペースに式が収まり切らず，見にくくなってしまうデメリットのほうが大きいと思われる。

●不適切な場合Ⅱ《図・表で考えたい時》
※面積図・線分図・対照表等，子どもたちの説明には図が多く登場する。しかし，そのイメージがスムーズに伝わらない場合も多い。画用紙スペースではより困難である。同時に複数の図・表が混在することもマイナスとなろう。一つひとつを丁寧に意見交換し考えていく活動でも，「画用紙（ホワイトボード）」は不向きであると言えよう。
※児童一人ひとりに与え，それぞれに書かせたものを直接黒板に提示することができる画用紙（ホワイトボード），タブレットPCを使ってそれがパソコン上でスマートに操作されるようになったとしても同様で，「シンプルな式・図を多数同時に提示することに意味がある場合により生きるツールである」と改めて結論づけたい。

Q11 「はかせどん」を必ず決めなければいけないの？

福岡県川崎町立川崎小学校 髙瀬大輔　私の主張

● 小学校段階における数学的な価値を問い直す

「どちらの考え方のほうがはやいかな？（簡単かな？）」という発問場面をよく見る。確かに，小学校学習指導要領解説算数編でも，数学的な価値として「有用性，簡潔性，一般性，正確性，能率性，発展性，美しさなど」が示されており，「はかせどん」も含まれている。しかし，この発問では「はかせどん」を教師が子どもたちに与えてしまっており，子どもたちが自ら数学的な価値を実感する場を奪ってしまっていないだろうか。

また，小学校段階において，本当に「はかせどん」だけが目指すべき数学的な価値なのだろうか。子どもたちが多様な考えを認め合い，数学的な見方や考え方を広げることにも素晴らしい価値があるのではないだろうか。「はかせどん」を決めなければならないという算数授業観は，「どんな考えもみんなや先生が聞いてくれる」という子どもたちの安心感を奪い，算数が窮屈なものになってしまわないかと心配にさえなる。

ここに，私たち授業者が「あたりまえを問い直す」視点があると考える。

● 子どもの意識と「はかせどん」

私は，「先生，それ面倒くさいよ」などの声を子どもから引き出したいと考えながら算数の授業づくりを行う。これは，目の前の問題や活動に対して不快な感情をもっている子どもたちのサインである。この不快な感情は，算数授業においてとても大きな意味がある。それは，複雑ですっきりしない事象を，よりはやく，簡単に，正確に，どんなときにも使える考え方（はかせどん）を用いて解決していく過程に算数が存在するからである。そして，この「面倒くさい」状況にいる子どもたちは，不快な状況を打破するために無意識に「はかせどん」の見方や考え方を用いる。そのため，私たち授業者の役割は，子どもたちにとって無意識である「はかせどん」に自ら気づくようにし，その価値を実感させることである。では，どのようにすれば，子どもたちが「はかせどん」に自ら気づき，価値を実感するのだろうか。以下，実際の授業場面を通して，具体的に考えていきたい。

● 5年「円と正多角形」の実践から

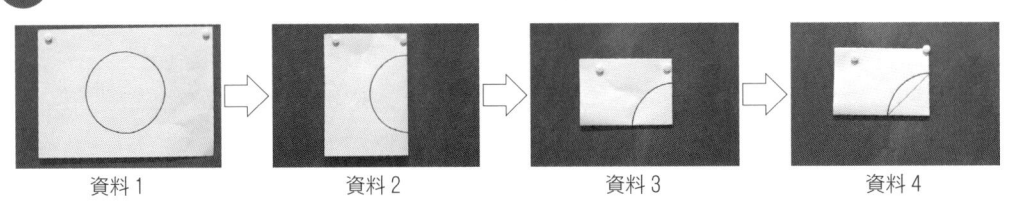

資料1　資料2　資料3　資料4

まず，円をかいた紙を折っていく過程をじっくりと見せ，最後に「赤い直線で切り開く

とどんな三角形になるだろうか」と少しとぼけた発問をした。先に述べたように，子どもたちを不快な状況に追い込んでいくためである。

この紙を赤い直線で切ることは簡単である。しかし，ここは子どもたちがじっくりとこの事象に働きかけてくるのを待つ。「えっ，三角形じゃないよね」「長方形じゃないかな」「正方形？」「ひし形？」とだんだんつぶやきが多くなっていく。その中に，「90°があるからなぁ」と中心角の大きさに着目した子がいたので，そのことを板書に残しておいた。ここで，実際に紙を切り開いて見せた。切り開いた形が正方形であること，先の90°は円の中心角の1つであったことを確認した。

今度は，資料1～3まで同様にし，さらに円の中心角を半分（45°）にするように折った。すると，子どもたちは，すぐに「今度は45°だよ」「さっきは，90°が4だったから…」とつぶやく。見えなかった事象のイメージが学級全体で見えるようになってきた。そこで，自分の考えをノートにかかせると，子どもたちは「45°が2×4で八角形」「さっきの四角形が2倍に分けられるから八角形」などと，絵や図を用いて（正）八角形になることを見出すことができていた。

ここまでくると子どもたちは，「もう次もわかるよ」と自ら次の形に働きかけていく。正方形，（正）八角形と続いたことから帰納的に考えているのだ。ところが，次の形の予想が「十二角形」と「十六角形」で大きく分かれた。想定していた通りである。

●「何かいいことがあるの？」と問い，数学的な価値を引き出す

ここがポイントである。確かに円の中心角を半分（22.5°）にするように折り，直線を引いて切り開くと十六角形ができるが，「十二角形の考え」も変化のきまりを用いて帰納的に考えたことによさがある。ここでは，まず「どうして十二角形と考えたのかな？」と学級全体に問い返した。十六角形になると考えていた子も，「4つずつ増えるってことか…」と友達の考えに寄り添っていく。そこで，「4つずつ増えるって考えると，何かいいことがあるの？」と問うことで，「○○くんのようにきまりを見つければ，次の形もその次の形もわかるでしょ」と帰納的に一般化するよさを学級全体で共有することができた。その上で，「そう考えるのもわかるんだけど…」と授業は進んでいった。確かに2つの考えに正誤の違いはある。しかし，その正誤よりも認めるべき価値があるのだ。

●算数の授業者としてもつべき授業観とは

誌面の都合上1つの実践しか載せられないが，ここまで「はかせどん」は子どもたちが自ら気づき，その価値を実感するものであることを述べてきた。しかし，それは容易ではない。各授業場面に応じて，「はかせどん」の見方や考え方が何かを見出すこと，その見方や考え方を引き出す発問や板書，授業展開を工夫することが不可欠である。そして，授業者のもつべき授業観として，まずは学級集団の中で多様な見方や考え方を認めていくことが前提にあり，その上で数学的な価値（有用性，簡潔性，一般性，正確性，能率性，発展性，美しさなど）に気づかせていくことが大切だと私は考える。算数の授業者としてもっている自分の授業観を，見つめ直す機会にしていただけると幸いである。

Q12

新潟市立上所小学校　間嶋　哲　私の主張

説明を文章で書かなければいけないの？

❶ 文字にするからこそ，わかることがある

　算数の授業では，解決に至るまでの筋道，なぜそう言えるのかの理由，計算する際の数値や手順の意味など，「口頭で説明させる場面」が数多くある。口頭で説明，つまり「話し言葉」というのは，図などを見ながら聞くと，一連の流れでなんとなくわかったような気持ちになることが多い。しかし，もう一度再現しようすると，これがなかなか難しいものである。「話し言葉」は，その内容のポイントを正確につかまないと，あっという間に通り過ぎてしまい，後には何も残らないのである。

　かつての私は，口頭でオウム返しのように説明できれば，それでよいと思っていた。ほぼ全員の子どもができるようになることは，それすら高いハードルだと思っていた。代表の子どもの説明を聞き，それを真似することも大切である。しかし，それだけだとあまり思考が深まっていかない。

　活発な話し合いがあり，子どもの考えた姿はある。でも，よく振り返ると，一部の子どもたちの話し合いであったり，子ども自身は，その時間，あまりノートをとっていなかったりする…こういう場面もよくあった。実は，そのままだと，子どもに本物の力がついていかない。「書き言葉」を授業の舞台にのせる必要がある。

❷ 「とりあえずできる」段階

　4年生では，分数の表し方が帯分数と仮分数の二つあることを知らせ，それぞれを変換できるようにさせていく場面がある。

$$2\frac{3}{5} = \frac{13}{5}$$

左の分数を，下のような面積図でかかせてみる。慣れてくれば簡単なのだが，これが，なかなかかけない。

　まずは，$2\frac{3}{5}$Lを面積図でかかせてみる。ノートにかかせた上で板書させる。

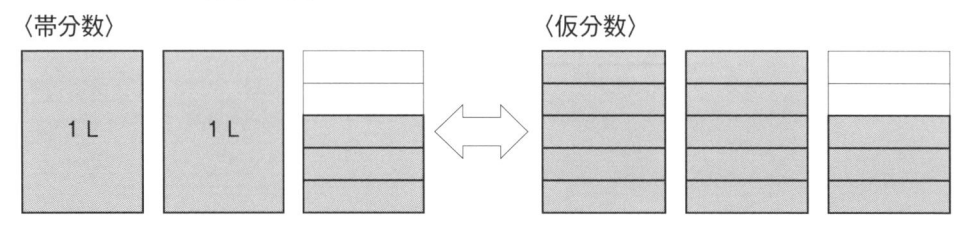

〈帯分数〉　　　　　　　　　　　　　　〈仮分数〉

　見た目で，2Lと$\frac{3}{5}$Lであることはわかる。また，1Lを5等分すると$\frac{1}{5}$Lが13あるので，$\frac{13}{5}$Lであることもわかる。

　ある程度，こういうことに慣れてくると，帯分数と仮分数の変換自体は，できるように

なる。何度か，いくつかの分数でこれを続けていくと，必ず「先生，変身の秘密がわかったよ」と応えてくれる子どもがいる。

❸「ちょっとわかる」段階

帯分数を仮分数に変身させる秘密を説明させてみる。

「$2\frac{3}{5}$Lなら，2と5をかけて10。10と3をたして13。だから$\frac{13}{5}$です」という説明だ。$2\frac{3}{5}$L以外の分数でやっても，確かにそうなる。でも，この段階は，「ちょっとわかる」段階である。計算の手順が言えているだけだからである。

計算だけを見れば，その通りなのだが，どうして，2と5をかけるのか，なぜ10と3をたすのかという，「その計算をするのはなぜ？」という視点が欠けている。「だから」になっていないのである。私が，あえてノートに考えを書かせるのは，そういう場面である。

算数科の中では，この「ちょっとわかる」段階で終わってしまうことが，あまりに多い。言葉を換えていえば，この段階は，単にアルゴリズムがわかる段階である。なぜそう計算するのかの意味はわからないが，とにかく計算すれば，答えが自然に出てくるというものである。

❹「本当にわかる」段階

「なぜ，2と5をかけるの？」とか，「この10って何？」とか「10と3をたすのは，なぜ？」というような聞き方をすると，子どもたちは頭を振り絞って，自分の言葉を紡ぎ出そうとする。そのときに，絶対に必要になるのが，面積図なのである。

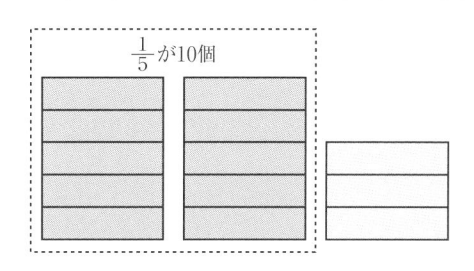

「$2\frac{3}{5}$だと，2の中に$\frac{1}{5}$が10こあります。あと残りの$\frac{1}{5}$は3つあるので，合わせて$\frac{1}{5}$が13こになります。だから2×5で$\frac{1}{5}$が10こあることがわかるし，あと残りは3つなので，10＋3で13です」

文章として残っていると，よいことがたくさんある。例えば，そのまま板書させることもできる。板書することによって，その（書き言葉の）説明が完全に正しいのか，少し違っていることがあるのかが，はっきりとわかるのである。

ある子どもが，「その説明はわかるんだけど，それならば，2×5じゃなくて，5×2じゃないの？」と質問してきた。確かに図だけを見ると，5×2の計算なのである。

❺ 思考の作戦基地

授業の途中でノートを使う際は，ぜひその記述自体を授業の舞台に載せたい。子どもに本物の力をつけるためには，自分が表現した言葉や図を，友達の目を通して修正させていくことである。文章で書くことによって，思考が誰の目からも見える検討材料になるのである。かつて，社会科で有名な有田和正氏は，ノートを「思考の作戦基地」と呼んだ。これは算数科でも目指すべき姿だと考えている。

Q12 説明を文章で書かなければいけないの？

島根大学教育学部附属教育支援センター 村上幸人 私の主張

● 子どもが「かきたい」と思っているか？

　見通しをもち筋道を立てて考えるための手段として，頭の中で考えていることをかいて表すことが効果的である。その理由として，
　① 頭の中で，もやもやっとしている考えを，とりあえず形にすることができる（明快）
　② 形にしたことを足がかりにして，次の考えを進めることができる（発展）
　③ 複数の考えを，留めておくことができ，必要なときに再度活用できる（多様）
　④ 考えの筋道を，他の人と話し合うことができる（共有）
などがあげられる。問題を主体的に解決するためには，「かく」ことが自ずと必要になる。
　しかし，「かかされている」と子どもが感じているのであれば，「かく」ことはただの苦痛にしかならない。「文章を書く」ことは，労力や時間を要するため，それが学習者のニーズになっていなければ，
　「文章で書かなくても説明できるのに…　（面倒臭い）」
　「文章（だけ）では説明できないのに…　（困った）」
という思いから，表題の質問が発されることになる。

●「かく」ということの一事例

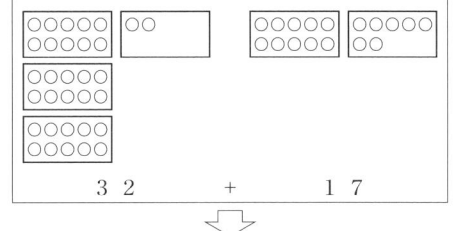

　2年生での2位数同士の加法の計算では，筆算を指導する。しかし，筆算の形式をいきなり示して教えてしまうのではなく，まずは計算方法を自由に考えさせたい。そこで，ペンと白紙を一人ずつに用意し，それぞれに答えの求め方を好きなようにかかせた。右は，32＋17の計算の仕方を考えたA児の記述の一例である。 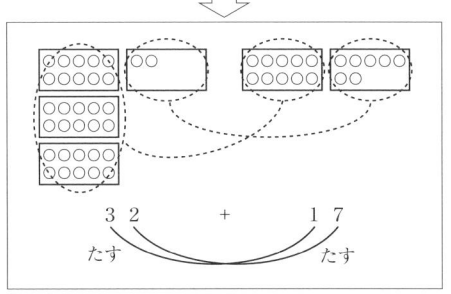
　A児は，ここまでかいてから，下図のように線と言葉を，図や式につけ加えた。言いたいことが伝わるかどうか不安だったのだろう。なぜなら，操作の過程を絵や図で表すことは難しい。絵や図をかき上げたときには自分なりの解答が完成しており，操作の順番を示せないし，ごちゃごちゃしてくる。そこで，空いているところに次のような文章を書き加えることで，線や囲んでいる丸の意味を表した。
　「2と7をおいておく。30と10で40。2と7で9。40とおいておいた9で49」

また，B児は次のように，文章と式が混在した記述をしていた。
「30と10で30＋10＝40，2と7で2＋7＝9，40と9で40＋9＝49」
C児は，分ける方法を言葉で言及していた。
「十の位同士で30＋10＝40，一の位同士で2＋7＝9，合わせて40＋9＝49」
そして，各位同士の計算に言及できたところで，数を位で揃えて縦に並べることが効果的であることを実感した。これは，図を操作して並べることで，さらに一目瞭然となる。

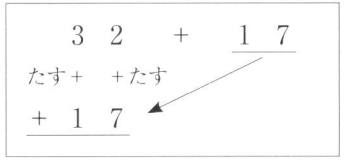

```
  3 2    ＋  1 7
 たす＋   ＋たす
  ＋ 1 7
```

こうした思考過程を経ることで，筆算のよさや便利さを理解でき，筆算を進んで使ってみたいと感じることになる。

● 文章や言葉を使う意義とその位置づけ

算数では，数や記号，半具体物，図，式，図形，表，グラフなど，独自の数学的表現がある。これらを使うと，①簡単な記述で（楽に），②明確に（はっきりと），③効果的に（わかりやすく），考え方の筋道や結論を示すことができる。

しかし，日常会話で使用する言語（日本語）ではないために，その意味やきまり，使い方を学ばなくてはならない。こうした非言語を通じての思考のやりとりを自分や他人と行うために，しばらくは"通訳"による整理や伝達が必要である。通訳が必要な段階では丁寧に言語を使用してやりとりをしていくが，次第に不要な言葉や文章は淘汰され，全体として数学的表現が洗練されていくと考える。つまり，「文章（だけ）を書く」ということが問題ではない。「考える上で有効な文章を書く」という意識が必要である。

そこで，先述の事例から，算数の問題を解決する上で「かく」ことの役割を考えると，次のように整理できるのではないだろうか。

○考える手段として「描く」
　絵や図，記号，数など，思いついた考えのイメージを，試行錯誤しながらデザインしていく。
○整理する手段として「書く」
　思いつき，デザインした自分の考えの経過を，言語に置き換えることで振り返り，筋道を立てて整理していく。

まずは自分で考える。考えるためにか（描・書）いてみる。そんな姿勢を大切にしたい。そして，「描く」と「書く」，非言語のものと言語が往還的に結びつくことで，数学的に考える力を効果的に育てていくことができると考える。

そのためにも，話し合い等の活動を通じて，自分の思考表現を他の人はどのように受け止めたのか，また，他の人はどのような思考表現を行っているのかを知る（評価）場面を，授業展開において設けることも大切である。

● 考えが自分の頭から湧き出る喜び

すぐにはかくことができない時もある。そんな時は，まずは会話でコミュニケーションを図れば，思考の第一歩が生み出されるのではないだろうか。文章は，会話では即座にやりとりできる。言語活動を考える上で，そんな口頭による言葉のよさにも留意したい。

Q13

雙葉小学校 永田美奈子　私の主張

先生がしゃべる授業はよくない授業なの？

　私は，基本的には，教師がしゃべる授業は，よくないと思っている。特に，教師が一方的に話をする，つまり教え込みをする授業は絶対によくない。教師が教え込みをしようとした瞬間，子どもたちは，考えようとしなくなるし，教師の考えについていけない子どもは，ますます授業がわからなくなるからである。教師は，自分の考えで授業を進めるのではなく，子どもの思考を見極め，その流れで授業を進めていくことが重要なのである。そうすることで，子どもたちにとって，より「わかる」授業となる。

　だが，教師が全くしゃべらない授業もあり得ない。教師が，要所要所で子どもたちと関わり合いながら，対話をしながら授業を進めていくことが大切である。

　では，そのような場面とはどのような場面だろうか。例えば次のような場面である。

① 悩んでいる子どもがいる場面

　授業中，子どもの様子を見て，悩んでいる子どもがいるなと感じたら，周りに手を挙げている子どもがいても，私は，「何を悩んでいるの？」とその子どもに尋ねる。悩んでいる子どもがいたら，まずは，その子どもにつき合いたいと考える。

② 大切なことを押さえる場面

　ある子どもが大切なことを言ってくれた時，それを聞き逃してしまっている子どもは必ずいる。大切なことは，全員に共有させたい。そのような時は，必ず聞き返すようにしている。

③ 子どもが混乱している場面

　教師は，できるだけ出番を少なくして，子ども同士で話し合わせていきたいところだが，だんだんと子どもたちが混乱することはよくある。そのような時は，教師は，子どもたちの思考を「整理」することが必要になってくる。

　九九を超えるかけ算を学習した時のことである。どのようにしたら子どもたちが，かける数を合成しながら考えるようになるかを考え，かけ算かるたを導入で用いた。

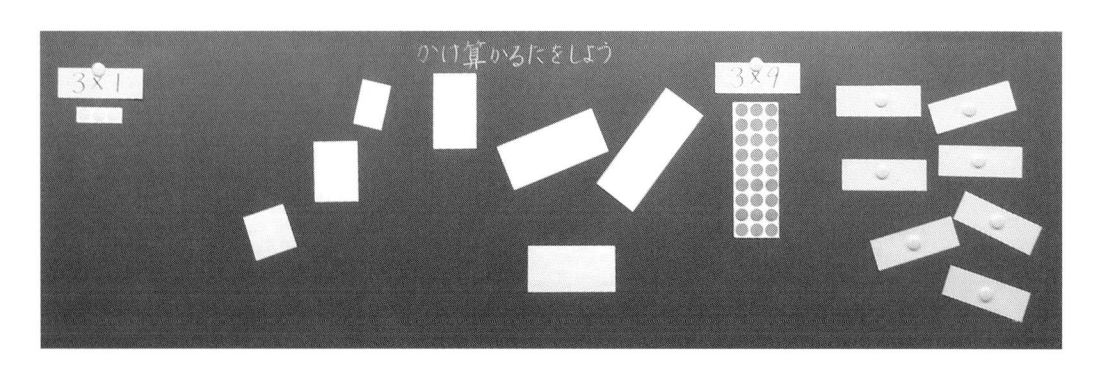

① 悩んでいる子どもに尋ねる

　まずは，九九の範囲で考えさせた。初めは，3×1から考えさせる。一番小さいものなので，子どもたちは，すぐに見つけることができた。次に3×9を考えさせた。これも一番長いものなので，すぐにわかるだろうと思っていたが，わからなそうにしている子どもがいた。どうも2つのもので悩んでいたようだった。そこで，「迷っているのはどれ？」と子どもに尋ねた。子どもは，3×8と3×9を指さしながら，「この長さとこの長さがよくわからない」と言った。黒板に斜めに貼っていたため，長さの違いがよくわからなかったようである。そこで，2つのカードを並べ，長さの長いほうが3×9だということがわかった。

② 押さえたいことをもう一度聞き返す

　次に，3×3の後に，3×4を考えさせた。3×3までは，「3×1が3こあるから」と，子どもたちは，常に3×1をもとに考えていた。だが，その他に，今までとは違う説明をした子どもがいた。そこで，私は，

「○○さんが，今までとは違う説明をしたのだけれどわかる？」

と，子どもたちに聞き返した。

「3×3と3×1になっている」

　ここから，かける数の合成の話題になっていった。

（図：左「3×1が4こ」，右「3×3と3×1」）

③ 子どもの考えを整理する

　九九のカードを全て終えた後，3×13を考えさせた。子どもたちは，今までと同じようにドット図を組み合わせて，答えを求めていった。一つの方法がわかると，子どもたちは，「まだある！」と言いながら，3×13になる式とドット図を考えていった。

「3×8と3×5でできる」

「3×8と3×4と3×1でもできるよ」

「3×8と3×3と3×2でもできる。3×5にすればいいんだよ」

と，話が進んでいった時，「ごちゃごちゃになっちゃった」と言った子どもがいた。3つの式を組み合わせたことで混乱してしまったようだった。そこで，「ごちゃごちゃになっちゃったという人がいるから，2枚のところで考えていこうね」と言い，まずは，2つの式で考えさせ，整理していった。

　整理しながら進めていくと，「見つけ方がわかった」と前述の混乱していた子どもが言い出した。そこで，その子どもにどのように考えていったらいいのか話をさせ，みんなで確認しながらまとめていった。

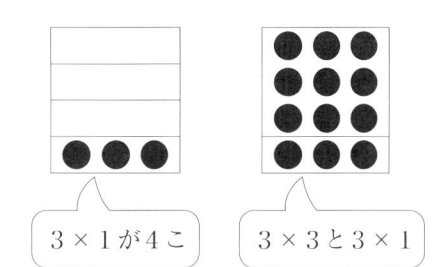

Q13 先生がしゃべる授業はよくない授業なの？

高知大学教育学部附属小学校 近藤修史　私の主張

● 本当によくないの？

「先生がよくしゃべる授業」のよし悪しを考えるとき，どのような授業を目指しているのか，その先生の授業観が反映される。多くの場合，「先生がしゃべりすぎる授業はよくない」と言われる。しかし，本当にそう言い切ってもよいのだろうか？　今回は，先生がよくしゃべる授業を肯定的にとらえてみる立場から，授業づくりのあり方を問い直してみたい。

● 先生の役割とは

先生が問題場面を提示した後，自分なりに見つけたことや考えたことを，子どもが互いに発表し合いながら進んでいく授業は，一見，子ども主体の授業に見える。しかし，子どもたちの話している内容をよく聞いていると，その内容が深まっていかない場合も多い。この原因の一つは，学習対象が明確になっていないことにあると考える。本気になって乗り越えていく対象が子どもたちに伝わっていないのであれば，子どもから問いを引き出し，それらを全ての子どものものとしていく過程の作り方を反省しながら，先生が言葉を使って，積極的に場面を作り直したり，説明を補足したりしていかなければならない。

また，友達の説明している内容がわからない子どもは，その話し合いに参加し続けることができなくなってしまう。授業が一部の子どもたちだけで進んでいかないようにするために，そのような状況を生み出してしまった手立ての不十分さと葛藤しながら，先生が切り返しの発問をしたり，わからない子どもの立場に立って問いかけをしたりして，子どもの考えを明らかにしていくのである。

つまり，先生は，子どもたちの学習状況や場に応じて，それぞれの子どもの考えをつないだり，広げたりしながら，子ども自ら学習対象に働きかけられるようにするための役割を果たさなければならないのである。

● 混乱が生じている場面から

6年生「資料の特徴を調べよう」の導入場面を例にあげてみる。この授業では，右図1のように「重い卵がよくとれた小屋はどちら？」という問題場面を提示した。

すると，子どもたちは「卵の重さの合計で比べれば…」「最大と最小で比べれば…」「Aの小

小屋A

4 g	6 g	7 g
12 g	13 g	18 g
19 g	19 g	20 g
24 g	24 g	25 g
25 g	26 g	28 g

小屋B

12 g	13 g	14 g
16 g	17 g	18 g
18 g	19 g	21 g
22 g	22 g	24 g

図1

屋は一桁の重さの卵が3つもあるから…」「20ｇ以上を重いと考えて，それより重い卵の数で比べれば…」等，それぞれの比べ方を発表し，全員で計算したり，カードを動かしたりしながら確かめ合っていた。

しかし，「個数が違うのに，卵の合計の重さで比べていいの？」「一番重い卵はAにあるけど，一番軽い卵もAにあるよ…」「そもそも『よくとれる』ってどういうことなの？」というような疑問が発表され，思考が拡散していく状況が生まれた。当然，このままでは，思考は停滞し，子どもたちは学習対象から次々と離れていくことになる。そこで，「みんなが考える『よくとれる』とは？」「条件の異なる2つの結果を比べる時には，どんな方法を使ってきたかな？」といったように，混乱している内容を解きほぐすための発問をしながら，子どもたちが自ら学習対象に向き合える状況を作り直していった。

また，何とか自分の見つけたことをみんなに伝えようと必死に説明するのだが，どうしても，その意味がうまく伝えられない子どもの姿も見られた。子どもと一緒に授業をつくる上では，一人の疑問を一緒になって立ち止まって考え合ったり，考えをつなぎ合ったりしながら，解決に向けて共に進んでいく授業を目指していきたい。そのために，友達の考えがわからない子どもの立場に立って，説明している子どもに対して「どういうことを言っているの？」と問いかけたり，「でも，この場合は…」等と切り返したりといった手立てをとることが必要となる。

本時では，黒板から離れ，混沌としている子どもたちの中へ入っていった。そして，「どういうことを言っているのかな…」「今はっきりしていることは何？」「はっきりしていないことは？」等と問いかけていった。すると，「平均の考えを使って考えるから…」「自分で数の範囲を決めて整理していくと…」といったように，子ども自ら観点を決めて問題解決に働きかけていく姿が見られるようになった。

● 授業を振り返って

上記の授業を振り返ってみる。問題場面に用いた「よくとれる」という意味のあいまいさや，数値の不適切さが原因となって，子どもの思考が混乱していく状況を作り出してしまった。そこで，授業中には，子どもから主体的な発言が出てくるようにするための発問や説明を繰り返す必要が生じてしまった。

● 子ども主体の授業をつくるために

確かに，先生がしゃべりすぎる授業は決してよい授業とは言えない。授業をつくる際には，本時のねらいに迫るため，「どのような問題場面を通して問いを引き出すのか」「どのような発問によって，思考を促していくのか」等，場面や発問の役割を明確にしておかねばならない。その際できるだけ，先生が話さないようにするために，教材や教具の工夫をしていくのである。

このように，「先生がよくしゃべる授業」という視点に立って自分自身の授業を振り返ったとき，授業をつくる際に大切にしなければならないことや授業改善のポイントが明確になってくる。

Part 2 算数授業づくりの"あたりまえ"を問い直す〈授業の中盤 編〉

●「あたりまえ」って，何のため？ 誰のため？

筑波大附属小学校 **大野　桂**

❶ ペア・グループ学習は何のためにあたりまえに行う活動なのか

　学び合い・言語活動が世に浸透したことにより，算数の授業でも話し合い活動を取り入れることがあたりまえとなった。その代表的な活動が，ペア・グループ学習である。例えば，「自分の考えを隣の人に話してみましょう」「○○さんの言ったことわかりますか？お隣さんと確認しましょう」と教師が投げかけ，座席の隣同士で解決方法を発表し合い，また説明し合わせるのである。この活動は，発表の場の保証・説明の仕方の練習・理解度の確認・自分の考えに自信を持たせるということに主眼が置かれている。その意味では重要であり，行うことがあたりまえといってよいだろう。

　しかし，話し合い活動はそれだけでよいわけではない。なぜなら，算数授業は，学習内容の理解はもちろんこと，数学的な考え方や発想する力や発見・創造する力を育むことで，自ら問題解決する力を育成するためにあるからである。本来，ペア・グループ学習も個の問題解決する力を向上させるために行われなければならないはずである。それではどんな話し合い活動をさせればよいのだろうか。話しかけの言葉から，そのあり方を探ってみる。

　人が誰かに話しかけるというときは，聞いてもらいたい，聞いてみたい，相談したいという必要感や欲求が伴う。そのような必要感や欲求は，授業の中で子どもから現れる。そして教師は，必要感や欲求が高まった子どもの姿を瞬時に捉え，「今だ！」と思ったときに戦略的にペア・グループ学習を仕掛けていくのだ。

　そのときの代表的な話しかけの言葉は次のようなものである。

◆ **ねぇ，……と考えたんだけどどう思う？**

　自力解決時，多くの場合，自分の解決方法を，妥当であり，しかも筋道立てて考えられていると思っている。しかし，いざ仲間に説明してみると，思うように伝わらず戸惑うということは少なくない。このことから，自分の考えが妥当であり筋道が通っているかを判断するには，他者に説明が通るかが一つの基準となるということがわかる。

　そして，この場面での話しかけの言葉は次のようである。

「ねぇ，……と考えたんだけどどう思う？」

　このような問いかけは生活の中ではあたりまえに行われている。この自然な会話を授業に取り入れるのである。そして大切なことは，伝えるだけではなく，むしろ聞き手に話の内容の評価をしてもらうことである。他者に伝わらないことを実感すれば，自ら考えや説明の仕方を見直し，修正をかける必要性がでてくる。また，相手が自分の説明を理解しようとするための問いかけに答え，補足を付け加えるなどしていくことで，自らの考えを洗

練されたものへと創り上げられていくようにしていく。そういった話し合いが大切なのである。

◆ ねぇ，どうしてそんなこと思いついたの？

　自分が思いもつかなかった解決方法を他者がしていたらその話を聞きたくなるものだ。そして聞く側は，解決方法だけでなく，解決方法を発想するに至った源や，問題解決の道筋の切り拓き方などといった，他者が問題解決に至った思いにまで興味がわくものである。
　その場面での話しかけの言葉は次のようである。
　　　　　　　　　「ねぇ，どうしてそんなこと思いついたの？」
　自ら問題解決できた子どもと，解決はできなかったが他者の解決方法を理解することはできた子どもとでは，発想力という面で歴然とした差がある。これが問題解決する力の差の1つの要素となる。つまり，他者の解決方法を理解する活動だけでは，いつまでたっても問題解決できるようにはならないということだ。大切なことは，他者の「発想の源」に心を寄せ，それを吸収することで自ら問題解決力を高めようと意識することである。これからの問題解決学習は，その「発想の源」を話し合いに組み入れていくことが大切かもしれない。

◆ ねぇ，こういうこと言いたいんだよね？／ねぇ，どう思う？

　他者の解決方法が，聞いていても理解するのがやや困難でその理解が曖昧なとき，
　　　　　　　　　「ねぇ，こういうこと言いたいんだよね？」
と誰かに相談したくなるものだ。
　またいくつかの解決方法が出され，その価値判断を迫られたとき，
　　　　「ねぇ，○○さんの解決方法のほうが…の点ではよさそうと思うんだけどどう思う？」
と，やはり相談したくなる。そして，そのように相談したくなる場面でこそ，授業のねらいに迫る発言や問いがなされることが多い。その場面を教師は的確に捉え，子どもが自発的に相談し始めたときはその活動を推奨し，また自発的な活動が生まれなかった時は，授業のねらいに迫る発言を意図的に取り上げ，
　　　　　「ねぇ，今，○○さんが言いたかったことわかる？周りの人と確認してみよう！」
とペア・グループ学習を意図的に仕組み，授業のねらいに迫る内容の焦点化を図り，またその理解を深めさせるのである。

　多くの授業を参観していて，ペア・グループ学習があたりまえに行われているが，どうも，ペア・グループ学習を行うこと自体が目的になってしまっているように感じる。声を大きくして述べたい。ペア・グループ学習はあくまでも方法であり，目的ではないのである。「何のためにペア・グループ学習を行うのか」。もう一度考える必要があると思う今日この頃である。

❷ 図をかかせることはあたりまえなのか

　図をかくことはあたりまえである。
　しかし，間違えないでほしいのが，教師が「かかせる」のではなく，子どもが「かく」ことがあたりまえと言うことである。しかし，何の指導もなしにかけるようになるわけではない。またどんな図でもいいわけではない。より洗練された図をかけるようになる必要もある。そしてそれを問題解決に使えるようにならなければならない。だから，各学年で段階的に図の指導は必要となってくる。具体的に2つの図について述べてみよう。

◆ 2数直線図の指導

　「割合」を理解する上で重要な道具として2数直線が挙げられる。

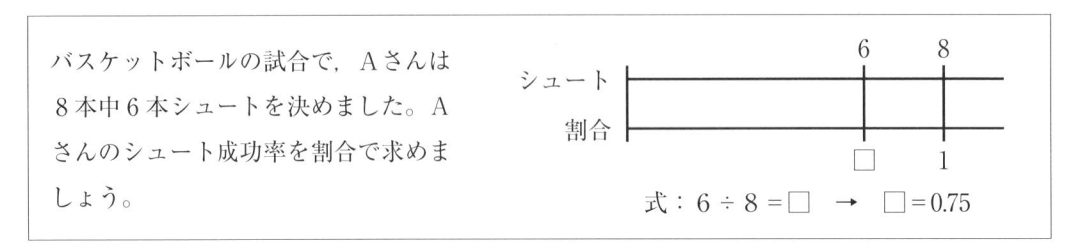

バスケットボールの試合で，Aさんは8本中6本シュートを決めました。Aさんのシュート成功率を割合で求めましょう。	シュート　　　　　6　8 割合　　　　　　□　1 式：6÷8＝□　→　□＝0.75

　この2数直線を，自らかけるような状態にまで育っている上で，「割合」の単元に臨ませるようにすれば，言われるほど「割合」の理解は困難とはならない。
　それでは，どの単元が2数直線の指導の始まりなのであろう。私は，第3学年「わり算」が出発点であると考えている。具体的には以下のような問題である。

> 空き缶拾いをしました。Aさんは12個，Bさんは4個拾いました。AさんはBさんの何倍の空き缶を拾うことができましたか。

　この問題を解答するのは困難なことではない。事実，多くの子どもたちは「12÷4＝3」ように立式し，答え3倍と求めていた。しかし，ここで大切なことは，「なぜ，その式で『倍』を求めることができるのか」ということの根拠を明らかにすることである。だから，なぜ12÷4で何倍かを求めることができるのかを子どもたちに問うた。すると，次のような図を用いて子どもたちは説明をしていった。

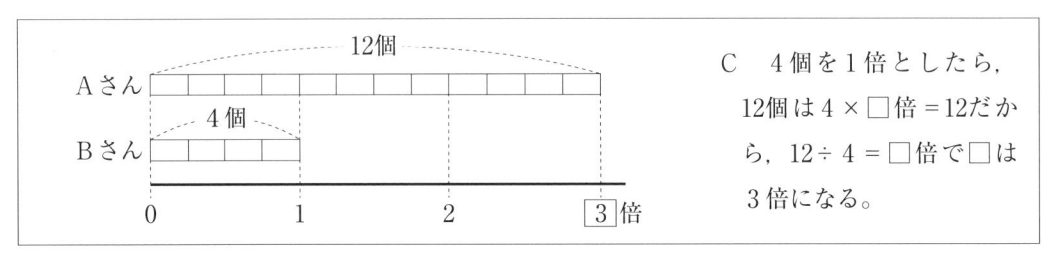

12個 Aさん ▭▭▭▭▭▭▭▭▭▭▭▭ 　　4個 Bさん ▭▭▭▭ 　　0　　　1　　　2　　　3倍	C　4個を1倍としたら，12個は4×□倍＝12だから，12÷4＝□倍で□は3倍になる。

　子どもたちは，図をかくことを通して，「4個を1としたときに，12個は3になる」という，「基準量を1と見ると，比較量がいくつと見られるか」という「倍の見方」に気づ

き始めたのである。

さらには，数直線でかくように促したところ，右のような2数直線図に洗練させる子どもが現れた。そう考えると，第3学年「整数÷整数＝倍」の場面では，第5学年の計算や割合の学習のために，図を用いて説明させるという活動を仕組み，そこから2数直線の指導へと展開していくことが大切だということになる。このように，図の指導は意図的に仕組んでいく必要があるのである。

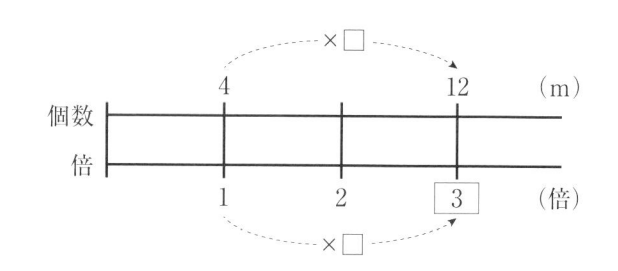

◆ **面積図の指導**

3年「2桁×2桁」の場面で，次のような誤りをしてしまう子どもは少なくない。いや，たとえ間違わなくとも，どこが誤りなのかを説明できる子どもも多くはない。

$$15 \times 12 = (10+5) \times (10+2)$$
$$= 10 \times 10 + 5 \times 2$$
$$= 100 + 10$$

この誤りの根拠を説明するには，右図のように，これまでかけ算の学習で活用してきたアレイ図と面積図を関連付けて用いることが必要となる。そしてこの図は，計算の答えの根拠を明確にするには面積図が有効に働くことをも意味している。

C　$(10+5) \times (10+2) = 100 + 10$だから，110です。
C　違うよ。それだと，●の図が4つに分かれているうちの2か所分しかたしていないことになる。

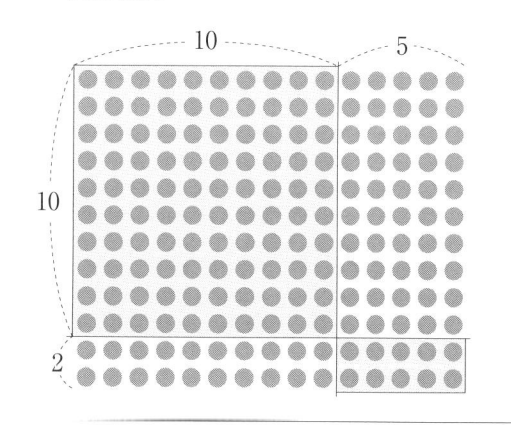

また，例えば「分数×分数」の場面では，計算の仕方がわからなくても面積図を用いることで求答することもできるし，計算の仕方や意味も明らかにすることもできる。

つまり，面積図を活用できるようにすることは，計算の理解を深めることに直結するということになる。

図はかかせるのではなく，かけるように各学年で段階的に指導し，いざ直面した問題解決場面で必要に応じて必要な図をかけるようになっていればよいのである。図をかくことが目的の問題解決など存在しない。「図をかくことは何のためにあたりまえなのか」。それを考えれば図の指導のあり方が見えてくるのではないだろうか。

Part 2 算数授業づくりの"あたりまえ"を問い直す〈授業の中盤 編〉

● 問題解決の授業の発表から検討場面を問い直す

筑波大学附属小学校 盛山隆雄

❶ 発表の仕方の「あたりまえ」を問い直す

　冒頭，問題解決の授業で，比較的よく見る発表場面の様子をご紹介する。もしかしたら，このような方法が「あたりまえ」になっている現実があるのかもしれない。

> 　自力解決のときに子どもたちの様子を見回り，発表してほしい子どもに画用紙や小さいホワイトボードを渡す。指名された子どもは，マジックでそれらのものに自分の考えを記述する。指名された子どもの記述が終わるまで自力解決の時間は続く。早く終わった子どもは待っている。わからない子どももじっと待つ。先生は必死に指導して回るが，必要な子ども全員に指導するだけの時間はない。
> 　複数の子どもの考えが黒板に提示され，書いた子どもが発表する。一つひとつ順に発表する。その都度，「どうですか」「いいです」「同じです」といった形式的なやりとりが続く。
> 　最後に，「これらの考えでどんなときでも使える考えはどれですか」とか，「簡単でわかりやすいのはどれですか」といった発問をして子どもに選択させる。そのような観点から価値づけをしてまとめをする。

　このような発表場面では，どのようなことが問題なのだろうか。考えられることを挙げてみる。

① 子どもが自ら発表したい意思を表す場面がない。発表する人は教師が決めるからである。子どもは受け身になり，自主的な精神を育てることができない。

② 自力解決では，正答を出すところまでが子どもたちの仕事になる。出せなければ，先生の指導や友達からの教えが待っている。（ヒントカードをもらう，他の場所に行って教えてもらう，グループやペアを作って友達から教えてもらうなど）できる喜びばかりが強調され，知識理解や形式に重きが置かれる。考え方，見方といった高次の目標がないがしろにされる。正答を出すことが算数という固定的な価値観が生まれる。

③ 黒板に提示した考えは，順番に発表されるものとして存在する。式の意味を説明するために図が登場する，といった必然性や関連性を作りにくい。

④ 教師は，基本的に正答を発表させている。だから，それぞれの考えに対して，他の子どもから意見や質問が出ることはあまりない。本当は異なる意見を持っていても，先生が画用紙とマジックを渡してくれなかったということが一つの評価になっているので，自分の素直な考えを言う気持ちがなくなる。

⑤ どの考えが簡単か，どの考えがいつでも使えるか，といったことの判断は難しい。結

局子どもが判断できずに，最後は先生が教える展開になりやすい。また，いつもそのような価値基準で子どもの考えを序列化しようとすると，自由な思考が閉ざされ，思考が窮屈なものになっていく。問題を考えようとしても手がつかないとか，自分の考えに自信がもてないといった精神状態を作り出す。

もちろん，このような問題点を感じて，改善しようと努力されている先生はたくさんいらっしゃる。しかし，教師になりたての人は，最初に教えられた方法で実践を積み重ねる。算数の問題解決の授業は，先に枠囲みで示したような方法で一応流すことはできるので，先生が問題意識をもたない限りそのまま定着してしまう。

本稿を執筆している私も二十代の頃は，枠囲みで示したような方法を用いていた一人である。ある研究会で教わった方法で授業をしていた。私の場合は，異なる方法で行われている授業を観る機会があり，多くのことに気がついたのである。とにかく，私の授業を受ける子どもの姿とその授業の子どもの姿が全く違っていた。そのとき，自分の頭で考える必要を強く感じた。

❷ 授業の具体から考えてみる

4年生のわり算の授業場面で考えてみる。次のような問題を提示した。その授業の少し前にお楽しみ会のための輪かざりを作って教室に飾っていたので，イメージがよくできた。

> 140cmの紙テープがあります。
> □cmずつ切って，輪かざりを作ります。
> 輪かざりは，いくつできますか。

前時に80÷20と立式する問題場面を学習し，8÷2で計算する仕方とその意味を考えていた。本時の問題は，3桁÷2桁とわられる数が大きくなったことになる。

実際に教室で作った輪かざりは，正方形の折り紙を切り分けたものだったので，長さが15cmの小さい輪かざりになっていた。そこで，□の値を20にして，少し大きめの輪かざりにすることを提案した。

子どもたちは，すぐに立式し，答えを求めることができた。ノートには，全員が140÷20＝7と書いていた。そして，ほとんどの子どもがその計算の仕方として14÷2＝7と書いていたのである。この様子を確認してから，誰を指名して発表してもらってもよいと判断し，普段あまり発表しない子どもを指名した。式と計算の仕方は，それぞれ別々の子どもに発表してもらった。

式は140÷20＝7で，計算の仕方は0をとって14÷2＝7としたことが発表された。子どもたちの中には，図をかいて14÷2で計算してよい理由を説明している子どももいた。しかし，この図はまだ発表させないでおいた。式と計算の仕方が発表された時，いくつかの発問を用意していた。次のような発問である。

「0をとって14÷2＝7と計算する方法をどうして思いついたの？」

「どうして0をとって14÷2で計算していいのかな？」
　1つ目の発問は，発想の源を探る発問である。この発問に対する答えは，
「昨日やった80÷20のときと同じように考えました」
であった。既習を想起することの大切さをこのような対話を通して押さえるようにしているのである。
　2つ目の発問は，計算の仕方の意味を問うものである。この問いについては，図をかいていた子どもたちが積極的に手を挙げて言いたがった。もしも，式を書いている子どもと，図をかいている子どもの両方を最初の段階で画用紙を渡すなどして指名していたら，この雰囲気は得られないだろう。また，計算の仕方の意味を説明するために図を使うという必然性も得られないのである。
　このときに指名した子どもは，次のような図をかいて説明した。

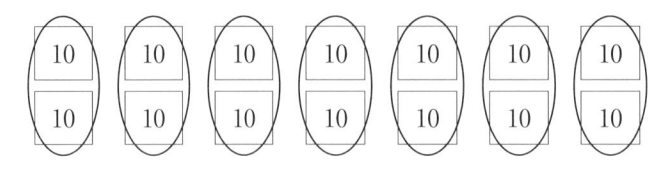

「140を20ずつとると，7個分とれます。これは，140÷20＝7です。10のかたまりで考えると，14から2ずつとることと同じで14÷2＝7にも見えるから，14÷2＝7で計算してもいいです」
　このような説明がなされ，みんな納得した。この説明は，80÷20のときとほとんど同じだったので，違和感がなかった。
　続いて，□の値を30にすることを提案した。かなり大きな輪かざりができるという話になった。子どもたちは，立式して計算を始めた。
　見て回ると，2通りの答えがあった。1つは「4あまり2」，もう1つは「4あまり20」である。そこで，「4あまり2」から発表させることを心に決めた。これは，誤答である。しかし，予想通り「4あまり2」を書いている子どもは一人や二人ではなかったので，自然に挙手している子どもから選ぶ形で指名することができた。
　このとき，机間指導をして間違いを指摘して直させたり，ペア学習やグループ学習をして間違いを修正させたりしたのではもったいない。この誤答で正しいと思っている子どもの気持ちや考えをきちんとみんなで理解し，なぜ間違えたのかを考えることで，あまりの意味の理解を深めることが大切である。考察することなしに表面的につくろってみたところで，またいつか同じような間違いを繰り返すことになるからである。
「4あまり2です」
とある子どもが言った。教室がざわつく。しかし，すぐに次のような反応に変わった。
「どうしてそう考えたかわかりました」
間違いを指摘するよりも，すぐにその誤答を分析しようとすること，これがクラスの目標だった。そこで，次のように子どもたちは説明した。
「140÷20のときに14÷2で計算したでしょ。だから，同じように140÷30を14÷3で計算して，4あまり2として，その答えをそのまま140÷30の答えにしたと思います」

このように友達の考えを解釈したのである。これを聞いて，4あまり2と答えた子どもたちは頷いた。そこで，次のように言葉をつなげた。
「4あまり2とした理由はわかったけど，この答えは本当に間違いなのかな？」
この発問に対して，しばらくペアを作って考えさせた。話し合いは，盛り上がっていた。しばらく考えさせた後に，発表してもらった。
「たしかめ算をすると，30×4＋2＝122で140になりません。30×4＋20＝140だから，4あまり20だと思います」
たしかめ算からあまりが20になることを説明した。しかし，この説明でまだのみ込めない子どもたちがいた。そこで，
「まだわからない人がいますね。どう説明すればわかりやすいかな？」
と聞いた。このとき，
「先生，図で説明したらいいと思います」
と言う子どもが多かった。式で伝わらなかったら図で説明するという流れができていた。ある子どもにかいてもらった図は，次のような図であった。

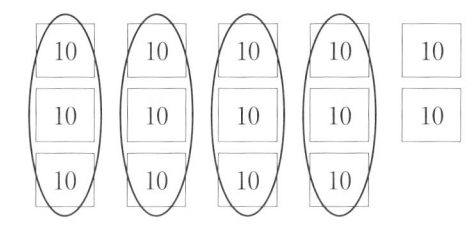

「このように30ずつとると，あまりは20です。だから，4あまり2は違います」
この図を使った説明で多くの子どもは納得し，答えは4あまり20であることがわかった。4あまり2が消えようとしたとき，急に手を挙げる子どもがいた。
「4あまり2の2は，10が2個あると考えたらいいと思います。そしたら，14÷3＝4あまり2で計算して，答えを4あまり20にすればいいです」
この子どもは，0をとって計算する方法を一般化しようとしていた。あまりがある場合でもあまりについて正しく解釈し処理すればよいと言っているのである。

発表から検討にかけての時間は，みんなでさらに高みを目指して成長する時間でなくてはならない。そのためには，子どもの思考に正対し，素直な子どもの言葉をもとに授業を展開することが大切である。子どもの間違いは，マイナスのものではない。むしろ間違いが出ることは，算数では自然なことなので，その間違いを理解し，間違いを乗り越えていく授業をつくることが必要だと考えている。
問題解決の授業の発表の仕方や検討の仕方を問い直す必要を感じるのは，そのような授業がさせない型があるからではないだろうか。型を知っていてもよいと思うが，目の前の子どもたちを見つめて，子どもたちのために私たち教師こそ素直に考えなければならないと思う。

Part 2 算数授業づくりの"あたりまえ"を問い直す〈授業の中盤 編〉

● 目的と子どもの姿から，手段を考える

筑波大学附属小学校 **夏坂哲志**

❶ ○と×を見極める

　授業に何かを取り入れる時，必ず○と×があると思ったほうがいい。（○と×は，長所と短所，プラスとマイナス，メリットとデメリット，効果のあるなし，自分のクラスに合う・合わない…といった様々な意味を含むと思っていただきたい）その○と×を天秤にかけた時に，その授業にはどの方法が適しているのかを判断し，適切に用いることができることが望ましい。

　例えば，「説明を文章で書かせる」ということにも，○と×がある。

　言語活動の充実が重視されるようになってから，考え方の説明などを文章で書かせる授業が，それまで以上に増えた。書くことによって，わかっていることとわからないことがはっきりとしてきたり，自分の考えた道筋が見えてきたりする。思考力，表現力を育てる上でも，理解を深める上でも大切だということはわかる。これは，○の部分だろう。

　だが，時間がかかる。書ける子と書けない子の個人差への対応も難しい。書かせた後，それをどう指導に生かすかを考えなければ，ただ単に子どもの負担を増やすだけで，子どもを算数嫌いにさせてしまうかもしれない。そんな×の部分もある。

　書く時間をとるのであれば，これらを踏まえた上で，何を，何のために，どのように書かせるのかを問い直す必要がある。

❷ 書かせる目的をはっきりさせる

　「何を」「どのように」書かせるかは，目的（「何のために」）と子どもの実態によって決まる。「何を，当たり前のことを」と思われるかもしれないが，ここ数年，言語活動の充実，思考力，表現力の育成のためには文章による記述をさせればよいと，安易に授業に取り入れられているのではないかと感じることも増えている。

　確かに，文部科学省が実施している全国学力調査問題の結果を見ると，記述式の問題で，理由を説明する時に主語がはっきりとしなかったり，必要な数値を書いていなかったりするために誤答になってしまうケースが多く見られる。このことは，根拠となる事実をはっきりと示した上で結論を述べるということに，子どもたちはあまり慣れていないということを示している。だから，何か対策を施す必要はある。

　けれども，毎時間，説明を文章で記述させる必要があるだろうか。まだ平仮名がしっかりと書けない1年生の子に，計算の仕方を書かせなければならないのだろうか。また，書かせた後は，全部に目を通し，個々に対する指導と全体に対する指導を行わなければならないが，それにも大変な時間と労力を要する。限られた時間の中で，やるべきことは他に

もたくさんあるはずだ。

　同じ書かせるにしても,「今日は,『なぜ,そうしようと思ったのか』を詳しく書かせてみよう」とか,「今日は,計算の仕方の手順を確認しよう」「条件が過不足なく書けているかどうかをチェックしよう」というように,ポイントを絞って書かせるのであれば,子どもの書く視点が定まるし,教師側も評価がしやすくなる。

　書かせるべきこととして,「理由」「手順や方法」「見つけたきまり」「思考過程」等々,いろいろ考えられるが,どこかに絞って書かせることが大切だと考える。

③ 大事な言葉を絞る

　先日,$\frac{2}{5} \div \frac{3}{4}$の計算の仕方を考えさせる授業を拝見した。この授業でも,子どもたちは自分の答えの求め方を,図と式と文で説明することになっていた。

　A子は,ノートに,まず下に示したような面積図をかいた。次に,式を書いたのだが,最初にかいた図と対応していない。この子も授業者も,そのことに気づかないままに授業は進んでいった。

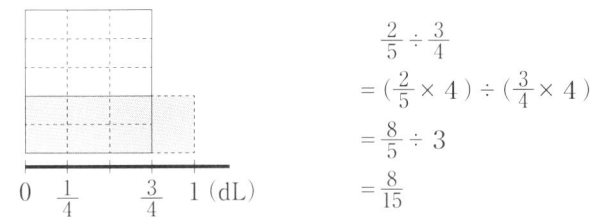

$$\frac{2}{5} \div \frac{3}{4}$$
$$= \left(\frac{2}{5} \times 4\right) \div \left(\frac{3}{4} \times 4\right)$$
$$= \frac{8}{5} \div 3$$
$$= \frac{8}{15}$$

　さらに,計算の仕方の説明を文章で書かなければならない。式を変形していく過程を文章で表すとしたら,どんな文章にすればよいだろうか。口頭での説明を文字にしたら,結構な分量になる。とうとうA子は,「わられる数とわる数に4をかけて」まで書いたところで時間切れとなってしまった。もし続きを全部書こうとすれば,書き終えるまでには,相等長い時間を要するだろう。

　傍らで見ているから思うのかもしれないが,式で表されているものを文章で表すことに,どれだけの価値があるのだろうかと疑問に感じることは多い。式で簡潔に表現できるところに数学のよさがある。だから,「$\frac{3}{4} \times 4$」と書かれているものを,わざわざ「$\frac{3}{4}$に4をかけて3」と文字に置き換える必要はない。

　では,言葉による説明は必要ないかと言えば,そうとも思わない。「なぜ,そういう計算をしたのか」ということは,明らかにしておきたいところである。

　例えば,「どうして$\frac{2}{5}$と$\frac{3}{4}$に4をかけたの？」と問い返してみたらどうだろう。すると,「わる数が整数だったら計算できると思ったので,わる数を整数にするために$\frac{3}{4}$に4をかけました。次に,わられる数とわる数に同じ数をかけても答えは変わらないから,わられる数の$\frac{2}{5}$にも4をかけました」というような答えが返ってくるかもしれない。このことを,口頭で答えさせる前にノートに書かせてみるとか,誰かに口頭で答えさせてから「今,言ったことをノートに書いてごらん」とすればよい。

　これならば,何を書けばよいかが子どもにもはっきりとわかるし,書く分量もそれほど多くなくて済む。また,この文の中で大事なポイントは,この発想の源となる下線部分と,

先に$\frac{3}{4}$のほうに4をかけることだと絞っておけば，子どものノートのチェックもしやすい。

間嶋氏が，「本当にわかる」段階の例（本書55ページ）の中で，「なぜ，2と5をかけるの？」とか，「この10って何？」というような聞き方をすると述べている。一方，村上氏は「しばらくは"通訳"による整理や伝達が必要である」「考えるためにかいてみる」（同55ページ）と述べているが，考えたことが式に表現されるまでの途中の部分や，式と式をつなぐ解説のような言葉を"通訳"という言葉で表現しているとすれば，二人のお考えは共通しているととらえることができる。

私も，間嶋氏のような問い返しをすることが大切だと思っている。なぜなら，そこが，この説明の中で一番大切な部分だからである。そして，案外，子どもの説明の中からは抜けてしまいそうな部分でもある。授業者は，このようなポイントをしっかりと押さえて授業に臨む必要がある。そして，記述させる際は，そのことがきちんと理解できているかどうかを確認する。さらに，板書にも残す。そうすれば，理解も深まり，別の場面でも生きる知識となっていくだろう。

❹ ノートに書いた文章は，発表原稿ではない

もう一つ問題に感じるのは，書かせた後のことである。

文章で書くことによって，子どもが自分の考えを整理できることは悪いことではない。けれども，みんなの前で自分の考えを説明する時に，ノートを読むようにして話すのはできればやめさせたい。なぜなら，聞き手のことを意識していない話し方になるからである。

読むようにして話すと，目はノートの文字を追うことになる。すると，聞き手の反応に意識が向けられないので，きちんと伝わっているのかどうかを確かめながら説明することができなくなる。

また，すらすらと読んでいくと，話がどんどん先に進んでしまい，説明の途中に適度な間が生まれにくい。それだと，聞く側の子の中には，その説明のスピードについていけない子も出てくる。算数の授業の中における説明活動は，調べたことを一方的に伝える"発表会"ではない。同じ問題について考えた仲間同士が，互いに自分の考えを伝え合う時間である。話している子の考えを理解し，自分の考え方と比較しながら，一緒によりよい考えを創り上げていく場であることを忘れないようにしたい。

聞き手にわかるように話を組み立てながら話す力を育てるためには，話している途中で，「わからなくなっちゃった」と言って，説明を中断することを許してよい。自分のノートにはかいていない図や式，わかりやすい例などを途中で補足しながら話すことも大いに認めたい。そのように考えると，ノートに自分の考えを文章でまとめさせた後でも，発表する時には一旦ノートを閉じ，できるだけそれを見ないようにさせるとよいかもしれない。全員で大切なポイントを押さえてから，再度，ノートに向かわせるなど，書かせるタイミングや書いた事柄の活用の仕方にも工夫が必要になってくる。

❺ 先生がよくしゃべる授業はよくない授業なのか？

本書で話題にしている「あたりまえ」の中に，「先生がよくしゃべる授業はよくない授

業なのか？」がある。一般には，「先生がよくしゃべる授業はよくない授業だ」「できるだけ教師はしゃべらないほうがよい」と思われているのではないだろうか。だが，このことについても，一概に○とか×とか決めることはできない。

　以前は，私も「あまりしゃべらないようにしよう」と心がけていた。けれども，いつの頃からか，「積極的にしゃべらなければだめだ」と考えるようになった。私が，「いい授業だなあ」と感じる時，その授業者はたくさんの言葉を発している。

　と言って，何でもかんでもしゃべればいいというわけではない。「授業者がしゃべってはいけないこと」と「授業者がしゃべらなければいけないこと」がある。

　例えば，先程例に挙げた「分数のわり算」の一場面について考えてみたい。

　この時の授業者は，A子の式が発表されたところで，「どうしてA子は4をかけようと思ったのかなあ」と全体に問い返した。他の子たちが首を傾げているので，今度はA子に向かって，「どうしてA子は4をかけようと思ったの？」と問いかけた。そうしたら，「$\frac{3}{4}$を整数にできないかなあと思って…」と答えた。

　私が授業者でも，きっと同じようにしゃべるに違いない。もし，他の子どもから「どうして4をかけたの？」という質問が出た場合には，教師は黙っていればいいのだが，子どもから出なかったら，教師が問うしかない。そうしなければ，この大事なことに触れないままに授業が進んでしまう。

　と言って，「A子は，わる数を整数にしようと考えて4をかけたのですよ」と教師が先に説明をしてしまうのでは，子どもが自分たちで考えていく力は育たない。

　教師が出るべきところと，子どもに任せるところをしっかりと見極めて，必要なところでは積極的にしゃべることによって，授業のねらいに迫っていくことが肝心だと考える。

　本書の中で，永田氏は，「教師が，要所要所で子どもたちと関わり合いながら，対話をしながら授業を進めていくことが大切である」と述べ，次の3つを例に挙げている。

　①「何を悩んでいるの？」「迷っているのはどれ？」のように尋ねる
　② 大切なことを押さえるために，聞き返す
　③「まずは…」と，子どもたちの思考を整理する

　また，近藤氏は次のような教師の役割を例に挙げる。

　① 学習対象が明確になるように，積極的に場面をつくり直したり，補足したりする。
　② 授業が一部の子どもたちだけで進んでいかないようにするために，切り返しの発問をしたり，わからない子どもの立場に立って問いかけをしたりして，子どもの考えを明らかにしていく。

　オーケストラは，指揮者によってその演奏が変わるという。授業も似たところがあるのではないかと思う。子どもたちのコンディションや空気，思考の流れを読み取り，教師の主体性によって，必要なところでは積極的に前に出る。そうすることによって，一人ひとりが深く考え，ねらいに近づくことができると考える。

　大切にすべきことを見誤らずに，目的と子どもの姿に応じて，適切な手段を選択できるようにしたいものである。

私の考える"あたりまえ"

先生のお考えを書いてみてください

Q7 ●ペア・グループの話し合いは有効なの？

Q8 ●図・式・数直線は絶対にかかないといけないの？

Q9 ●友達の発言に「いいです」「同じです」と言わなければいけないの？

Q10 ●発表のときに画用紙（ホワイトボード）になぜ書くの？
●必ず多様な考えを出さなければいけないの？

Q11 ●「はかせどん」を必ず決めなければいけないの？

Q12 ●説明を文章で書かなければいけないの？

Q13 ●先生がしゃべる授業はよくない授業なの？

Part 2
授業の中盤 編

Part 3

授業のまとめ 編

Question 14
- まとめは必ずやらなければいけないの？
- まとめるのは誰の言葉なの？

Question 15
- 適用問題はやらなければいけないの？

Question 16
- 評価は毎時間必要なの？

Q14

宮崎大学教育文化学部附属小学校 **甲斐淳朗** 私の主張

まとめは必ずやらなければいけないの？
まとめるのは誰の言葉なの？

● 結論から

まずは問いに対する結論を提示する。（まとめのとらえ方は様々である。よって，本稿においては，「まとめ…授業の終末段階に学級全体で行う板書上でのもの（場面）」とする）

> 「まとめは必ずやらなければいけないの？」→「必ずやる必要はない」
> 「まとめるのは誰の言葉なの？」→「まとめるのは子どもの言葉」

● 子どもにとってのまとめの必要感

私は（も？）教師になりたての頃，算数の時間は"必ず"めあてがあってそれに対応するまとめがあり，子どもから引き出し，黒板やノートに"必ず"その跡が残っていなくてはならないという助言を多くの研修等でいただいた。そして，それらの助言を守るべく，躍起になってまとめの場面を展開した。めあて・まとめの枠を最初から黒板上に貼る時期もあった。しかし，内容によっては，目の前の子どもの思いに寄り添えず，発言力のある子どもの意見を中心にまとめ，授業がトーンダウンすることがしばしばあった。

そこで，この"必ず"を取り払って考えるようにした。まとめはやってもよい。（「やったほうがいい」でもない）ただし，それは子どもがまとめの必要感を感じているときである。言い換えれば，学習内容によって，子どもがまとめの必要感を感じるようなしかけが大切であり，子どもにとってまとめの必要感がない場合は無理してまとめないと考えている。

● まとめをしたほうがよいとき〜子ども自らまとめの必要感を感じる仕掛けを〜

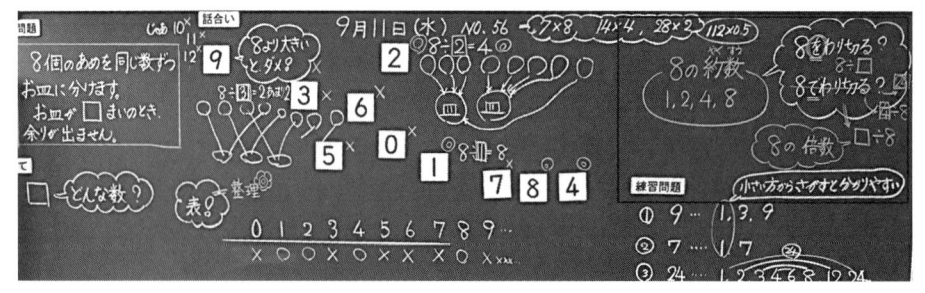

上記板書は，「約数」の意味理解の場面である。ただ問題文を解いて終わりではない。8の約数の意味を理解し，自分の言葉や図，式で表現でき，今後の学習で活用できる子どもにしたい。よって，本時ではまとめ（枠囲み部分）を大切にしたい。「約数」という言葉は教師から伝えるが，「1，2，4，8のように8をわり切ることのできる数を8の約数と言います」と教師がまとめるともったいない。子どもが主体的にかかわって，子どもの言葉で作るまとめにしたい。そこで実際には，「1，2，4，8のような数を8の約数と

言います。」と板書した後に,「結局,この1,2,4,8ってどんな数と言えるかな?」と発問した。想定通り,「8をわり切ることができる数」「8でわり切れることができる数」に意見が分かれた。どちらが正しいか聞くと,子どもはノートを見たり,板書を指差したりしながら,本時学習を振り返っていった。ここでは,子どもにとって,どちらかはっきりしたいという必要感が生じたので,主体的にまとめにかかわっていくことができた。

● まとめをしないほうがよいとき～子ども一人ひとりの振り返りを共有化～

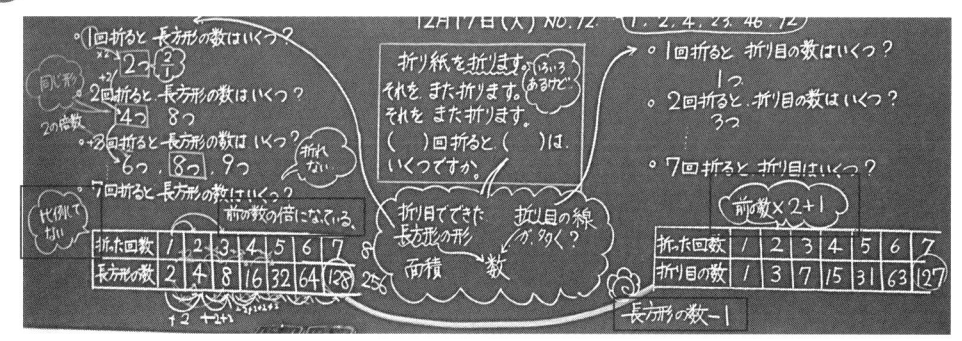

上記板書は,「順々に調べて」の第1時である。数の少ない場合から順に調べて,数量の間の規則性を見つけ問題解決することが目標である。ここでは,単なる"きまり発見"(枠囲み部分)の授業ではなく,数学的な考えの視点から見て,大切な要素がたくさん含まれている。以下は,授業の終末段階に子どもが書いた感想である。

○ 表からきまりを見つければ,数が多くなっても(実際折れなくても),調べることができて便利。

○「長方形の数-1が折り目の数になっている」など,表同士を比べて発見した○○君の考えが面白かった。

○ 折った回数と長方形の数は,比例しているかなと思ったけれど,いくつか調べると比例していなかったので,5つぐらい調べないといけないことがわかった。

○ 他の折り方でもきまりがあるか調べてみたい。

どの感想も,本質をついていて素晴らしい感想である。しかし,これらの子どもの多様な思いをまとめようとすると,どうしても教師の言葉になってしまったり,一部の子どもの思いに偏ったまとめになってしまったりする恐れが出てくる。子どもにとってまとめの必要感がない。本時のような授業では,終末段階に,個人にかえって,振り返りをさせたい。そして,それらを全体の前で発表させたり,紹介し合ったりして,共有化を図りたい。実際の授業では,数名の振り返りを発表させ,最後に,他の折り方も調べてみたいと書いている子どもがいた(下線部)ので,それを次時への問いにつなげて授業を終えた。

● 最後に

算数の時間は,必ずめあてがあって,それに対応するまとめが板書されるべきだという"あたりまえ"を問い直したい。以前,上記の授業実践で, めあて 「表にはどのようなきまりがあるか見つけよう。」→ まとめ 「表にはいろいろなきまりがある。」と記された板書を見たときに改めて思った。それが,本当に目の前の子どもの言葉(思い)であり,子どものためになっているのか。自分自身に言い聞かせ,今後も実践研究を積み重ねたい。

Q15

東京都日野市立日野第五小学校 **尾形祐樹** 私の主張

適用問題はやらなければいけないの？

　適用問題について考えるとき，何のためにやるのか，誰が適用問題を出すのかといった視点で考えてみたい。

● 何のためにやるのか

(1) **定着と評価のために（知識・理解，技能，考え方）**

　一つの授業は基本的に子どもが自力で考えたことを表現し，集団で学び個人の考えを高め合っていくのが一般的であろう。ところが，授業の始めから子ども全員が自力で完全な解決ができているわけではない。そこで集団で学んだことを踏まえ，似たような問題を適用問題で改めて解き，定着を図っていくのである。また，適用問題を行うことで子ども一人ひとりが理解できたかという評価も行うことができる。

　では，改めて適用問題の内容について問い直してみたい。適用問題の内容が児童の実態に合ったものになっているだろうか。授業の始めから適用問題が解けるような内容になっていないであろうか。初めに解決したことと異なったことを適用問題に出していないであろうか。

　例えば，6年生の分数のわり算 $\frac{2}{5} \div \frac{3}{4}$ の計算の仕方を考える授業を例に考えてみる。この授業では，結果として分数でわる計算はわる数の逆数をかければよいということを式の変形や図を通して考えていく。考え方に主眼が置かれた授業になるはずである。しかし，考え方に主眼が置かれた授業の適用問題として $\frac{3}{8} \div \frac{2}{7}$，$\frac{8}{9} \div \frac{3}{4}$ など答えを出すための練習問題が扱われている指導案や授業を見ることがある。これは適用問題ではない。あくまで分数のわり算が計算できるという練習問題なのである。もし，適用問題を出すのであれば，他の数値でも先ほどの考え方が当てはまるかといったことを確かめるべきである。「技能の定着」があるように「考え方の定着」があってしかるべきである。何の定着を図る適用問題なのかを改めて考える必要がある。

(2) **他の場面でも当てはまるのかを確かめるために**

　小学校の多くの一般的な授業では，1問の解決に多くの時間をかける。しかし，1問ですぐに一般化を図ってよいのであろうか。その意味では，1問目で解決したことが他の場面でも当てはまるのかを確かめた上で一般化を図るべきである。

　例えば，先ほどの分数のわり算を例に考えてみよう。$\frac{2}{5} \div \frac{3}{4} = \frac{2}{5} \times \frac{4}{3}$ になるのではないかとなったら，$\frac{3}{8} \div \frac{2}{7}$ でも $\frac{3}{8} \div \frac{2}{7} = \frac{3}{8} \times \frac{7}{2}$ になるのかを確かめるべきではないか。また別の代案であるが，例えば同分母のわり算から導入し，異分母ではどうだろうと考えるような展開も考えられる。授業の時間配分や単元の計画にもよるが，1問で一般化を図るということには課題が残る。その意味では，他の場面や他の数値で確かめるという行為はとても大切なことである。

● 誰が適用問題を出すのか

　前述で示されたような「適用問題」を教師が示しているとすれば，それは教師主導で子どもが受動的になっている授業かもしれない。また，与えられた適用問題で授業が終わっているとすれば，発展的に考える子どもは育たない。「他の場面ではどうだろう？」「他の数値ではどうだろう？」という「問い」は子どもから発せられるべきである。そのようなつぶやきや発言が子どもから上がっていれば，それを確かめることが授業の後半で大切なことである。発展的に考えようとする態度は１時間の授業だけでは育たない。しかし，発展的に考える子どもが育てば，適用問題を教師が出さなくても，子どもが「新たな問い」を見出し，子ども主体で授業が進められるはずである。

　発展的に考える子どもを育てるためには，(1)問題場面や条件を変えたくなる授業の導入，(2)子どものつぶやきで授業を発展させることが大切である。

(1) **問題場面や条件を変えたくなる授業の導入**

　例えば６年生の線対称な図形を例に考えてみたい。山口にはあって，神奈川にはないといったあるなしクイズで導入する。ゲーム的な導入は子どもが興味をもちやすく問題場面も変えやすい。すぐにきまりが見つからないよう横書きで板書する。きまりが見えてきたら子どもの言葉を板書していく。

ある	なし		問題場面を変える
山口 東京	島根 埼玉	⇒	アルファベットでもできる
			数字でもできる
対称の軸			図形でもできる

　「２つに折ってぴったり重なる形が ある だ」ということを，クイズをしながら線対称な図形について理解していく。授業の途中で子どもの中から「漢字じゃなくてもできる！」というつぶやきが出るはずである。出なければ初めのうちは「似たような問題を作れる？」と投げかけてもよい。楽しんで問題場面を変える経験をさせるのである。

(2) **子どものつぶやきで授業を発展させる**

　先の場面で漢字の問題ではなく「アルファベットでもできる」「数字でもできる」「図形でもできる」といった声が聞こえたら，「すごい！　他の問題も作れるの？」とその子どもを大いにほめるのである。そして，ほめるだけではなく実際に子どもの問題場面で授業を進めるのである。じゃあ「数字でやってみよう」「８はある！」「９はない！」「０はある！」と異なった場面で授業を進めていく。このこと自体が，「適用問題」をしているのである。さらに「図形」も取り上げたい。ここで，「三角形」「四角形」など図形で考えさせると「正三角形」「正方形」「円」などについて考えた時，「半分に折れるところがたくさんあって対称の軸は一本とは限らないのかな」といった「新たな問い」が生まれるのである。

　少ない例ではあるが「適用問題」について私の考えを述べてきた。子ども主体の子どもが作る授業を目指す先生方には与える適用問題からの脱却をおすすめしたい。

〈参考文献〉全国算数授業研究会　企画・編集（2008）『活用力が育つ「算数的活動」６年』東洋館出版社

Q15 適用問題はやらなければいけないの？

鳥取県大山町立大山西小学校　西本靖司　私の主張

● 問題解決学習と適用問題の関わり

問題解決の授業では，おおむね次のような流れで展開していく。
① 問題の把握
② 見通しをもつ
③ 課題を把握し，めあてをもつ
④ 個人で自力解決する（ノートに考えを書きながら，解決していく）
⑤ 集団での話し合い
⑥ 解決の仕方の理解（よさに気づいたり，解決方法についての理解を深める）
⑦ 適用問題をする
⑧ 練習問題をする
⑨ 振り返りやまとめをする

算数科では「数と計算」「量と測定」「図形」「数量関係」の4つの領域がある。4つの領域について，適用問題はやるべきかどうかを述べたい。

●「数と計算」領域では，適用問題は必要である

子どもにとって主問題についての解法は「わかった」かもしれないけど，同じような問題が「できる」ようになるとは限らない。例えば，0.3×2はできても，0.3×4のように少し拡張されるととまどってしまう場合も見られる。また，60÷2から50÷5,150÷3,240÷3というように少しずつ難しい問題に移行することによって「こうすればできるんだ」と方法を意識づけることができる。

特に，理解の遅い子にとってちょっとしたことでも大きな壁になることがある。適用問題をくぐらせることで理解の遅い子にとって「こうすればできるんだ」という方法を意識づけることになる。つまり，主問題の数値を変化させたり，条件を変更させたりしてどの子もやり方がわかることが望ましい。

特に，（たし算，ひき算，かけ算，わり算の）計算や筆算では，少なくとも何題か解くことによって，個々の理解が深まることになる。練習問題が個々でできるようになるためにはどうしても定着のための習熟が必要である。本当にわかったどうか，できるようになったかどうかは，適用問題をすることによってはっきりすることになる。

●「量と測定」領域では，学習内容によってきまる

「量と測定」では，適用問題をやらなくてもよい場合もある。

実際に長さを測ったり，重さを量ったりするときには，授業の中で適用問題をしなくても子どもが活動によって自然と理解を深めることができる。実感のこもった活動をしている時には，活動そのものが適用場面になっているからだ。

　また，三角形，平行四辺形，台形などの面積を求める場合には，多様な考えで解決していくことになるので適用問題は必要ない。どのように考えて求めていくのかが大事であり，それを話し合いで深めていくことが目標になっているからである。

●「図形」領域では，学習内容によってきまる

　「図形」領域の場合も，適用題をやらなくてもよい場合もある。

　6年「対称な図形」を例にあげると，単元の導入では，2つに折ってぴったり重なる形と，回してぴったり重なる形を探す学習である。そのような場合，わざわざ適用問題を用意しなくても身の回りの中で同じような形はないかなという問いで生活の中の場面に拡張することが容易である。また，単元の導入では単元全体を見通すため，子どもの学習意欲を喚起したり，興味づけをしたりするために適用問題は必要ない。

●「数量関係」領域では，適用問題は必要である

　文章題の場合，主問題だけをして授業が終わることがある。研究授業でも主問題をしっかり話し合っているのだが，本当に理解しているのか，どの子もわかってできるようになるのかわからないことがある。適用問題をしないからだ。しないというか，する前に時間切れになることが多い。

　絵や図，表，線分図を使って解決するのであるが，主問題でわかっても，数値や条件が変わっても，同じように絵や図，表，線分図を使って自分で解決できないと理解したことにならない。

　2年「かけ算の活用」（乗法の場面を式や図に表す学習の場合）の実践で考える。学習目標は，「かけ算の式と図の関係をとらえ，式で表現したり，図で表したりすることができる。」である。

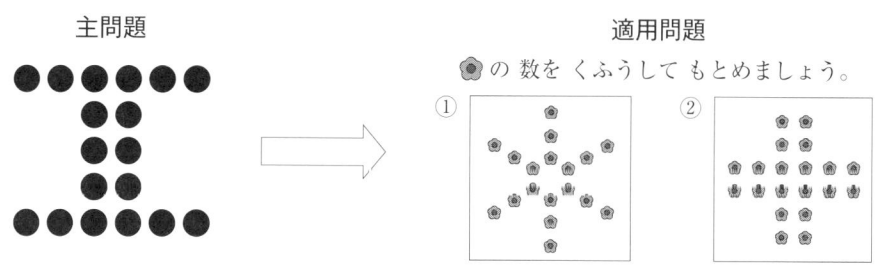

　適用問題①では，●の数が主問題と同じ18である。しかし，かけ算の式で表したとき，同じ式の6×3が，主問題と適用問題では図での表現が異なっている。適用問題①では，図で表すと的（ダーツ）のようにできるという子どもの言葉からも適用問題をすることによって，表現が拡張される。図の表現が異なることは，子どもの見方や考え方を伸ばすことになる。

〈引用・参考文献〉志水廣（2009）志水式適用問題定着法『楽しい算数の授業2009年5月号』明治図書

Q16

青森県三戸町立三戸小学校 **種市芳丈** 私の主張

評価は毎時間必要なの？

❶ ほめるのは今でしょ！

　ALTのS先生の外国語活動の授業が素敵だ。理由は，S先生がたくさん子どもをほめるからである。S先生の投げかけに子どもが反応したり発言したりすると，「Good」「Great」「Wonderful」「Excellent」など，こまめにほめてくれる。

　一方，参観した授業のいくつかや自分の授業のビデオなどは，S先生のほめる回数と比べると本当に少ない…。子どもの発言や態度を授業中のその場でほめず，終わった後にほめたり，まったくほめなかったりする場合もある。見ていると「ほめるのは今でしょ！」と心の中で思ってしまう。

　評価の方法にはいろいろあるが，私がもっとも大切だと思うのは「ほめる」である。理由は，テストやノートから子どもを評価するのと比べると，「ほめる」は子どもの見取りをほんのわずかな時間で指導に生かす点や，心に残る言葉や場面を生む点で，他の評価方法より優れていると思う。

❷ 「ほめる」には2種類ある

　授業で行われる「ほめる」には，大きく2種類あると考えている。1つは本時の目標に関する「ほめる」，もう1つは育てたい算数観に関する「ほめる」である。2年生「三角形と四角形」の弁別の事例で説明する。

(a) 本時の目標に関する「ほめる」

　本時の目標を「図形を見て三角形や四角形の定義を根拠に弁別することができる」と設定した。評価の具体は，3本の直線で囲まれているから三角形，4本の直線で囲まれているから四角形と自分で説明できる姿である。

　子どもたちに右下の図を提示し，ノートに三角形か四角形かどちらだと思うか書かせた。ほとんどの子が三角形と記述したが，なぜそう考えたかは記述がなかったので，どうして三角形と考えたか発表してもらった。

　「先が3つあるから」
　「3つの直線で囲まれた形だから」…Aさん
と説明してくれた。特にAさんの言い方がいいとほめて，どこがいいのかわかった人はいるかどうか問いかけた。すると，
　「直線という言葉を使っている」…Bさん
　「昨日，習ったことを使って説明している」…Cさん

と気がついた子が2人いた。この子たちを友達のいいところに気がついているとほめた。

このように，本時の目標に関する評価は，「ほめる」という教師の働きかけによって子どもたちに意識化されていった。また，Aさんだけをほめるのでなく，先生がいいと思った発言についてどこがいいのか子どもたちに考えさせることは，Aさん・Bさん・Cさんの3人をほめることにつながったので，有効な方法ともいえる。

(b) 育てたい算数観に関する「ほめる」

学級をもっている先生であれば「○年生の終わり頃には○○ができる子になってほしい」という育てたい算数観をおもちだろう。例えば，粘り強く考えるようになってほしい，簡単な数値に置き換えて考えるようになってほしいなど，態度や思考に関わるものである。これらは，日々の算数授業の中で繰り返しほめることによって育つと考える。

私は育てたい算数観の1つとして，「わからないことをわからないと言う」ことを大切だと考えている。「三角形と四角形」の弁別の授業では，次のような場面があった。

右のような鈍角三角形を提示した時，Eさんが手を挙げて，「ここの部分が今までの三角形と違う気がするんだけど…」と言い出した。ほとんどの子どもたちは3本の直線で囲まれた形だから三角形だと納得した後だったので，本当に勇気が必要だったことだろう。自分のもやもやした気持ちを隠さずに正直に話したEさんを大いにほめた。

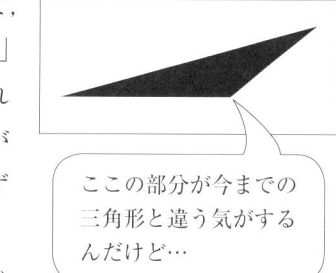

すると，「僕もEさんの言っていることがわかる…」という子が何人か現れた。同じように，鈍角の部分があるせいで三角形の仲間として認められないそうだ。おにぎりのような形が三角形という印象を強くもっている子どもにすれば当然のことなのだろう。

それは違うと教師が付き返してしまうと，このような素直な考えを聞くことができない。何より，「わからないことをわからないと言う」という算数だけでなく，学習の基本姿勢が育つ瞬間を失ってしまうことになってしまうだろう。

このように，育てたい算数観に関する評価は，「ほめる」という教師の働きかけによって，多くの子に伝わり，自分の素直な考えを発表する場面を作ることにつながった。

③ 毎時間評価したい！

指導案を書く時，「単元の評価規準」を設定し，「指導と評価の計画」に評価時期と評価方法を明記するのが一般的である。「指導と評価の計画」をもとに毎時間何かの評価規準について子どもの発言や記述を資料にして評価し，単元が終わったら，それらの評価を使って観点ごとに総括的に評価をする。だから，毎時間，評価しなければならないと考えているのでないだろうか。

しかし，上の事例のように，子どもの素直な姿を認め，それが育てたい算数観と一致し，評価することは，"ねばならない"ではなく"したい！"なのである。教師自身が子どもの成長を期待し，励まし，喜びにするような評価を心がけたいものである。

Part 3 算数授業づくりの"あたりまえ"を問い直す〈 授業のまとめ 編 〉

● 子どもの側に立った授業の実践を心がけよう

国立学園小学校 佐藤純一

❶ 授業のまとめは必ずやらなければいけないの？ まとめるのは誰の言葉なの？

　学習指導要領では，それぞれの教科の目標と評価はあるものの，授業を「導入，中盤，まとめ」という仕切りはしていない。このような仕切りを意識するようにさせてしまっているのは，学習指導案作成の影響であろう。大学生の教育実習のように，授業のことがよくわかっていない場合は，授業を計画する際に「はじめ，中，おわり」の展開を考える上で，授業の「導入，中盤，まとめ」という仕切りがあると，授業をそれなりに整えることができるという思いが指導者側にある。それが，学校という現場でも，「まだ経験が浅い時は指導案を書いたほうがいい」となり，その後も引き継がれているというのが現状ではないだろうか。それがいつしか"あたりまえ"になってしまったと思われる。

　本書の中で，甲斐淳朗氏（宮崎大学附属小）は，「学習内容によって，子どもがまとめの必要感を感じるようなしかけが大切であり，子どもにとってまとめの必要感がない場合は無理してまとめない」と述べている。私は，この意見に大賛成である。そして，「まとめをしたほうがよいときは，子ども自らがまとめの必要感を感じるしかけを教師がする。まとめをしないほうがよいときは，子ども一人ひとりに振り返りをさせ，その考えの共有化を図りたい」とまとめている。日頃の授業実践の重みが伝わってくる言葉である。

　私の考えもほぼ同様であるが，一つ加えるならば，「まとめは，その時間内に必ずしなければならないものではない」と言いたい。つまり，教師のほうで仕掛けは組むが，その解決は子どもにさせるのである。例えば，円の面積の学習では，円を何等分かし，それを互い違いに組み合わせて，平行四辺形に変形させて円の面積の公式に結びつける展開が一般的である。この展開では子どもに公式のよさを感じさせることが弱い。そこで，芯まで詰まったトイレットペーパーを用意し，右の図のように円を中心まで切っていく。どんな形になるか想像させると，子どもの目が輝いてくる。切り開かれた円は，二等辺三角形となり，この面積は「直径×半径÷2」で求められる。授業は，ここで終えてしまう。まとめをあえてしない。

　すると次の日，Aくんが朝一番に私のところにやって来て，「先生，あの式にはま

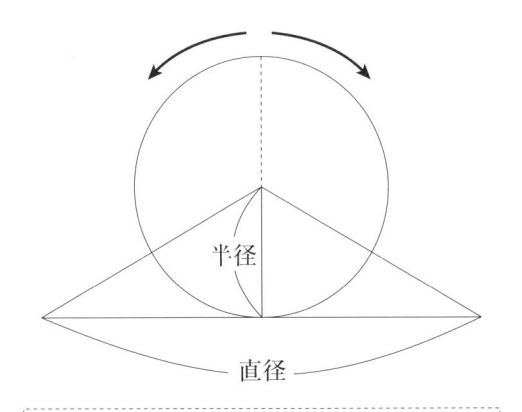

円の面積 = 直径×半径÷2
　　　　 = 半径×2×3.14×半径÷2
　　　　 = 半径×半径×3.14

だ続きがあります！」と言ってきた。さっそく，授業の中でAくんに説明をしてもらった。こうして円の面積の式のまとめをしたのである。

　もう一つの例を紹介する。最小公倍数を見つける学習では，2つの数の倍数を書き出して，その中で最初に共通になった数が最小公倍数となる。私が扱った数は（12，18）で，最小公倍数は36である。子どもは，やり方としてはわかったが，あまり興味を示さなかった。そこで私は，「自分でもやり方を見つけられるかな？」と，少し乱暴な問いかけをした。しばらくして，3人から発表があった。次の考え方である。

① （12，18）の公倍数は，まず大きいほうから小さいほうを引いて差を出す。18－12＝6
　　大きいほうをその差で割り，出た答えを小さいほうにかけると，最小公倍数が出る。
　　　　　　　18÷6＝3　　　12×3＝36

② （12，18）の公倍数は，まず大きいほうから小さいほうを引いて差を出す。18－12＝6
　　そうしたら，その差と12と18をたせば，最小公倍数が出る。
　　　　　　　6＋12＋18＝36

③ （12，18）の公倍数は，まず2つの数をかけ算する。そして，その数を2つの数の差で割ると，最小公倍数が出る。
　　　　　　　12×18÷6＝36

　発表が終わると，子どもたちから「オーッ！」という声があがり，拍手が起きた。
　この3つの発表をして，この日の授業を終えた。すると次の日，今度はBさんが来て，「昨日のやり方だと，できないときがある」と言ってきた。そこで，さっそく授業の中でBさんに理由を説明してもらった。Bさんは，他の数（12，20）でやってみたところ，整数にならなかったり，倍数にならなかったりしたという。上の①～③のやり方は，2つの数の差，つまり「20－12＝8」が，2つの数を共に割ることができる時に成立する。もっと簡単に言えば，2つの数の最大公約数になっているということが条件になる。③のやり方であれば，「12×20÷4＝60」として，最小公倍数を求めることができる。
　授業のまとめは，誰もが必要であることはわかっている。ただ，人に教えてもらうことを待っているだけでなく，自分のやり方で考えてみようとする心をもつ子どもに育てていかないと，形式的なまとめしか授業の中では生まれてこない。

❷ 適用問題はやらなければいけないの？

　私は，適用問題とは二つあるととらえている。一つは，子どもがその日の授業で学習したことを理解できているか，確認をするための練習問題。もう一つは小単元ごと，あるいは単元全体の理解の状況を確認するためのテストである。という観点からすると，日々の授業の練習問題は，「理解できているととらえていれば，適用問題をする必要はない」となることもあるが，「小単元，単元全体の理解状況を見る適用問題は必要である」となる。つまり適用問題は，評価と密接に結びついているといえよう。
　本書の中で，尾形祐樹氏（日野第五小）は，より丁寧に分析し，「適用問題は，何のためにやるかという視点でみると，『定着と評価のために行う』『他の場面でもあてはまるかを確かめるために行う』の2つがある」と述べている。これはその通りだと思う。そして，

「誰が適用問題を出すのか」という点においては，「ただ教師が適用問題を示しているとすれば，それは教師主導で子どもは受動的になっている授業である」と主張している。そうならないようにするには「問題場面や条件を変えたくなる授業の導入」「子どものつぶやきで授業を発展させる」の2つがあり，最後に「与える適用問題からの脱却をおすすめしたい」と述べている。この点においては，私の見解は多少違っている。確かに，授業の中で工夫は必要であるし，つぶやきを聞くことも大切であるが，いつもそのような展開ができるとは限らない。それよりは，適用問題の内容や出し方の工夫を考えていってはどうだろう。例えば，たし算の学習をしたのであれば，適用問題において計算問題だけを出すのではなく，その式になるようなお話づくりをさせるのである。あるいは計算問題に難易度を設けて，初級（8＋5），中級（7＋5＋3），上級（□＋□＝13）として提示していくのである。または，授業で扱った問題の数値を変えて考えてみたり，授業の発展問題を提示してみたりする。このように，低学年の段階から適用問題の内容や出し方の工夫をしていくことが，中学年や高学年になって，自分で教師から与えられた適用問題に止まらず，学習を広げたり，発展させたりできる子どもを育てていくと思われる。

　こんな適用問題を出してみた。「一辺が20cmの正方形の紙から，体積（容積）が一番大きくなるふたのない箱を作ろう。」子どもは最初，4隅から1cmの小さい正方形を切り取って，底面積が大きい箱を作ろうとした。ところがやってみると，それよりも4隅から5cm切り取って作ったほうが，体積が大きくなることに気づいた。その後，授業では底面の一辺の長さを何cmにするかに注目が集まり，その結果，「13×13×3.5＝591.5」が最大になることがわかって，この日の授業を終えた。すると次の日，「もっと大きな箱ができた！」と言って，子どもが飛び込んできた。この子は，切り取った正方形の部分を利用することを発見した。つまり，残りの部分を高さに加えることで体積を大きくしたのであった。これより体積は，「10×10×（5＋2.5）＝750」となった。ところがもっと驚いたことに，いとも簡単に750cm³の体積を求めた子どもがいた。それは，あまりが出ないように，最初から箱の形を作ってしまえばよいと考えたのであった！　実は，この問題にはまだ続きがある。紙面の都合上，ここで終えることにする。

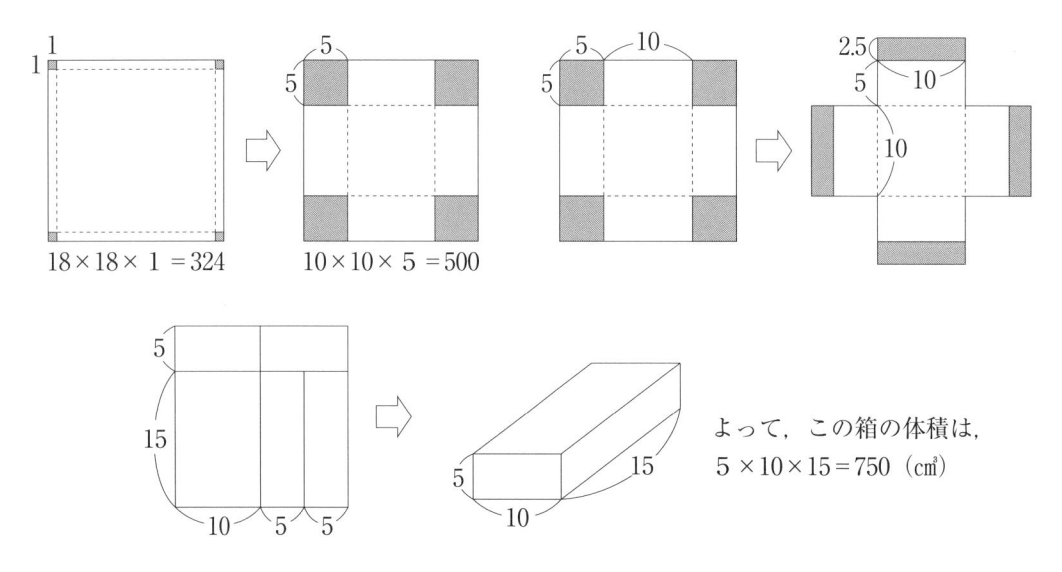

18×18×1＝324

10×10×5＝500

よって，この箱の体積は，
5×10×15＝750（cm³）

③ 評価は毎時間必要なの？

　評価のねらいは，簡単に言えば，「学習指導をより確実に，より効果的に行うことができるようにするため」となる。そのため教師は，授業を行う前に診断的評価を，授業中には形成的評価を，そして授業後には総括的評価を行っている。同じ評価という言葉はついているが，これらの評価の内容は，それぞれ違っている。本書で取り上げている「評価は毎時間必要なの？」の中の評価は，この中の授業中を意味しているといえる。それは，評価をする時期に言及したいからである。実際，評価は「学習指導のあるところにおいてそのすべて」と言える。よって，「毎時間必要なのか」を問うている。

　本書の中で，種市芳丈氏（三戸小）は，「評価の方法にはいろいろあるが，私がもっとも大切だと思うのは『ほめる』である」と主張し，ほめるには，「本時の目標に関するほめる」と「育てたい算数観に関するほめる」があるとまとめている。つまり，種市氏は「毎時間，授業の中にはほめるべきものがある」ということである。「子どもの素直な姿を認め，それが育てたい算数観と一致し，評価することは"ねばならない"ではなく"したい！"なのである。教師自身が子どもの成長を期待し，励まし，喜びにするような評価を心がけたい」という主張は，私も全く同感である。つけ加えて私は，「ほめて伸ばす」という教育観に立って考えるならば，上の二つの他に，あと二つあると考えている。一つは，授業の中で「思っていることを正直に言えた」「間違えていても発表できた」「わからないと正直に言えた」等々，正解ではなかったが，勇気をもって発表した子どもの行為そのものをほめてあげたい。ただ気をつけたいことは，いつでもどこでも「ほめる」ことを教師がしていると，子どもにとって，「先生はどんなときにほめてくれるのか」がわからなくなってしまう。このことは学級づくりをしていく上で重要なことでもある。毎時間の中で，先生はどういう時に，どういう行為をするとほめてくれるのか，それが伝わるような関わりをもっていくことが大切である。もう一つは，授業で学んだことを家庭にもち帰って，自分でその先を追求したり，広げたりした行為をほめてあげたい。これは，授業をしてすぐの場合もあるし，しばらくしてからの場合もある。例えば，角度の学習をした後，子どもが「スキー場」や「ケーブルカー」の斜度を調べてきた。また，クレーン車の旋回が360度だったり，内視鏡の撮影できる角度が168度だったりと，身の回りにはいろいろな角度があることを見つけてきた子どもがいた。こうした行為は，角度のみならず，子どもが単位そのものに興味をもつきっかけとなった。また，左手を親指から人差指と順に数えていって，小指まで数えたらだぶって数えないで，すぐに薬指，中指と数えていくとき，右のような表を書いてきまりを見つけた。「50番目の指は？」という問いに，1周期は8なので，「50÷8＝6あまり2」より「人差指」となる。次の日，この表の続きを書いて，10とびで見る新しい周期を見つけてきた子どもがいた。このような追求する姿勢をもつ子どもを私は大いにほめてあげたい。

親指	人差指	中指	薬指	小指
1	2	3	4	5
	8	7	6	
9	10	11	12	13
17	16	15	14	
	18	19	20	21
	24	23	22	
･	･	･	･	･

Part 3 算数授業づくりの"あたりまえ"を問い直す〈授業のまとめ 編〉

算数授業の終末場面における"あたりまえ"を問い直す

筑波大学附属小学校 **山本良和**

❶ "あたりまえ"と算数授業

　"あたりまえ"という概念は，文化や環境，時代によって変化するものである。それは，教育の世界でも同様であり，戦前の教育と現在の教育を比較すれば一目瞭然である。現在の価値観から戦前の教育を振り返ると，まさにあり得ない教育である。しかし，当時の教育関係者にとっては"あたりまえ"であり，当該の環境に属する人間の中ではほとんど疑われることがなかった。だから，"あたりまえ"はなかなか変えられないわけである。戦前の思想統制などはその典型で，仮にそれを疑い批判しようとしても，周りの人間が全て"あたりまえ"と考えているので，覆すことが難しかったのである。結局，敗戦による国の体制そのものの変革によって，当時の教育の"あたりまえ"は覆されることになった。

　では，現在の教育現場はどうだろうか。やはり"あたりまえ"が存在しているはずである。では，そんな"あたりまえ"に気づいているだろうか。また，"あたりまえ"を疑い，改善しようとしているだろうか。つまり，我々自身がどっぷりと今の教育の"あたりまえ"の中に浸かっているならば，何の疑問も抱かず，そのまま"あたりまえ"という状況下に埋め込まれている可能性があるのである。だから我々は，目の前で行われている教育にも"あたりまえ"が厳然と存在するということを意識し，教育の営みを見つめ直す必要がある。

　特に算数授業を研究対象とする我々は，算数授業の"あたりまえ"を常に意識したい。そこでは教材や教具，発問や授業構成，算数授業を構成する全ての要素を見直すことになる。見直す視点は「本当に子どものためになっているか」であるが，何をもって「子どものため」と見なすかという価値判断自体にもすでに授業者の"あたりまえ"が入り込んでいることに注意したい。

　本稿では，算数授業の終末場面を対象に，以下の3観点について述べる。しかし，私の考えもまた決して"あたりまえ"とは限らないという意識を持って読み取っていただければと思う。

　① まとめは必ずやらなければいけないの？　まとめるのは誰の言葉なの？
　② 適用問題はやらなければいけないの？
　③ 評価は毎時間必要なの？

❷ 授業のまとめと"あたりまえ"

　まず，私は「まとめ」という言葉自体を疑いたい。「まとめ」というと，1つのものに収斂されて閉じるイメージがある。算数の学びは1時間ごとに閉じるものではなく，系統的に連続するものである。また，諸条件によって分岐し，拡がっていくものでもある。一

般的に「まとめ」と言われるものを強調すると，算数の世界が小さく細切れにされてしまい，算数の学びが断片的な知識の集合体のようにとらえる子どもを生み出す危険性がある。

　大事なことは，「まとめ」と言われる段階で行っていることは，その時点における学びの整理であるというとらえである。ただし，教師が整理するのではなく，授業の中で子どもが素直に考えた疑問や問いかけに対する子どもなりの納得解を子ども自身の言語で表現するのが「まとめ」である。これに関しては，例えば，甲斐氏も「まとめるのは子どもの言葉」と書かれている。ただし，整理する子どもの言葉が日常言語だけでは不十分である。算数の言語，即ち数学用語や式，図，グラフ，表等を用いて整理できることが重要である。

　ところが，子どもの言語で整理するだけでは不十分なものもある。例えば，数学の記号や用語，定義，公式等は先人から引き継がれてきた文化遺産であり，決して子どもが発明できるものではない。だから，確実に教師が子どもに伝達しなければならないのである。特に定義や公式は，子どもの言葉で整理するのではなく，教科書の表記を読ませ，書き写させるようにしたい。時々図形の定義が曖昧な子どもを見かけるが，彼らは自分の言葉で整理しただけで止まったことによって，定義と性質の区別がついていないことが多い。教師は伝達すべきことを伝達するということに臆病になってはいけない。

　なお，子どもが自分の言語で整理するためには，子ども自身に整理したいという必要感が生まれていることが前提となる。その必要感は，学習対象に対する子どもの課題意識の強さ・真剣さによるが，課題意識の誘発それ自体が偶発的なものである限りは，結局，教師が教師の言葉でまとめる授業になりかねない。つまり，授業の展開そのものが偶然にたよっている場合は，恣意的に子どもの考えを誘導するような場面が生じる可能性が高いのである。だから，教材や授業展開自体に子どもからの疑問や問いかけが必然として生まれるような仕込みがなされていなければならないということになる。

❸ 適用問題のとらえと"あたりまえ"

　西本氏は領域ごとに適用問題の必要性を分類されている。ただ，西本氏の記述を読むと，適用問題を取り入れる理由は全て理解の定着と理解の評価のためのようである。適用問題の意義は知識理解だけに向けられているのであろうか。例えば図形領域は「導入の時間や発展活用では必要ない」と書かれているが，概念形成を図る導入段階でわかったつもりになった子どもに揺さぶりをかける適用問題を提示する意義は大きい。ただし，それを適用問題ととらえるべきなのか，それとも授業構成の一部ととらえるかはまた別の話ではある。どうも，算数の授業は1つの問題に対してじっくり時間をかけて解くものであり，その問題解決が図られた後に扱うのが適用問題であるかのようにとらえられがちであるが，その発想そのものが算数授業の"あたりまえ"にとらわれているように思える。

　たとえ図形領域であっても，比較検討する図形を段階的に提示するような授業構成とするならば，常に適用問題を扱っているような活動になるのではないだろうか。

　一方，尾形氏は，適用問題を扱う目的として，①知識・理解，技能，考え方の定着と評価のため，②他の場面でも当てはまるのかを確かめるため，の2つを挙げている。

　①に関して尾形氏は，適用問題の内容の検討が必要だとも述べられている。つまり，最初に解決した問題内容から飛躍した問題が突然現れるような適用問題では定着も図れないし評価もできないという論である。最初の問題との脈略を検討せずに，何の迷いもなく教

科書の練習問題をさせるのは，その一例であろう。私ならば，最初の問題場面の数値を変えて検討させるほうがよいと考えるが，これは，尾形氏のいう②にも関係しそうである。

②はいわゆる考え方の一般化を図るための適用問題という位置づけである。1例だけで一般化するのではなく，複数のケースに適用できるという事実を収集するための適用問題である。それは，結果的に尾形氏が提案する「考え方の定着」という観点からの適用問題にもなってくるのだろう。

私は，基本的に1時間の授業で意図的に関連性をもたせた複数の教材に出合わせるような授業を構成する。子どもから，「あれっ？　今までと～が違う（同じ）」とか「だったら，この場合は～したらどうだろう」「これも～の方法でできるかな」という気づきを引き出し，子どもの視点や思考に刺激を与えるのが教師の役割だと考えているからである。

ところで，算数科の学習は一般化を図る学習であると思われているが，全ての単元の学習内容が一律に「いつでも…」というふうに収斂されるとは限らない。「～のような場合には…の考え方が使いやすい」「でも，～のときには…の考え方のほうが便利だ」というように，学習内容によっては問題解決の方法が条件によって変わってくるということを整理する授業もありうる。子どもが新たな問題と出合った時に，彼らは関連づけを図る思考を機能させ，「いつでも…」や「こういう場合には…」という判断を下していく。

学習指導要領のスローガンの1つに，「判断力」の育成が挙げられているが，「判断力」を鍛えるためには判断する機会が子どもに保障されない限り実現不可能である。そのため，日々の授業の中で，根拠に基づいた判断を子どもに要求するような場を用意しなければならない。それが私の考える適用問題の1つの役割である。結果的に子どもは自分自身の変容を意識していく。

それは，例えば次のような授業（2年生）である。

【ライオンの数はいくつ？】

「ライオンは何頭いるのかな」と板書して，電子黒板に絵を提示し，黄色いカバーを瞬間的に少しだけ動かして見せた（右図）。子どもはかけ算と関連づけて事象をとらえようとし，「横と下を見たい」と言った。そして，左に5頭，下に9頭のライオンがいることを確かめて，ライオンが「5×9＝45（頭）」だと考えた。ただ，「でも，穴が空いているかもしれない」とつぶやく子どももいた。

さっそく，45頭いるかどうか確かめようということになり，絵のカバーを全て取り去った。その瞬間，「あーっ，やっぱりライオンがいないところがある！」という声で教室が賑やかになった。

その後，ライオンの数の数え方を検討すると，5通りの数え方が現れた。発表させる段階では，「今までの数え方よりもっといい数え方」だと思うものを式で発表させた。これも子どもが判断する活動である。

結局，発表された数え方は次の3通りであった。

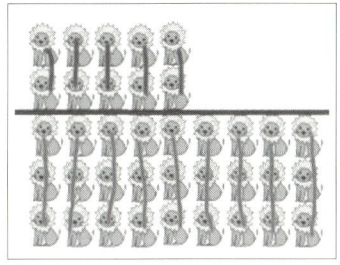

① $2 \times 5 = 10$, $3 \times 9 = 27$,
　$10 + 27 = 37$

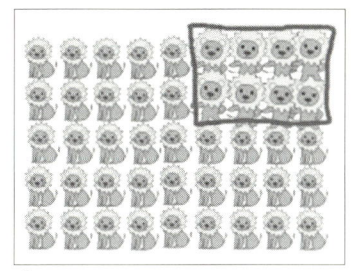

② $45 - 8 = 37$

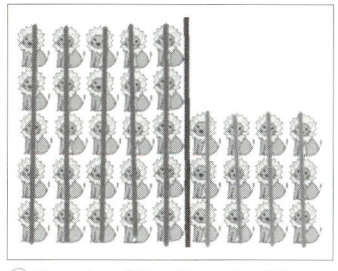

③ $5 \times 5 = 25$, $3 \times 4 = 12$
　$25 + 12 = 37$

【サルはライオンより多い？　少ない？】

　ライオンの数が37頭であることを確かめたところで，子どもに右図（最初はカバーで隠している）を見せて「ライオンより多いか，少ないか」と判断を迫った。「多分同じ」という子どももいて，反応は3通りに分かれた。子どもが確かめたくなったところでゆっくり見せると，「やっぱり同じだ」ということになった。これは，どの方法を使うかという判断力を鍛えるための授業構成の一部であると同時に適用問題でもある。

【コアラはライオンより多い？　少ない？】

　ライオンもサルも37頭で同じだとわかったところで，「最後にもう1種類の動物を見せます」と言って図③を提示し，数の多少を判断させた。結論は同じ37頭。確かめ方を聞くと，③の方略が過半数を占めている。「だって，穴のところにコアラがいたら2×4で＝8同じだもの」「それに外側も横が5で下が9で同じだから」

　3種類の動物の数を段階的に比較することを通して，子どもは動物の並びを関連づけ，最初のライオンの場面で自らが用いた方略を捨てて，別の方略に切り替えていった。場面に応じて「判断力」を機能させている子どもの姿である。

　"あたりまえ"と思っている適用問題のとらえ自体を柔軟にすると，定着だけが目的ではない適用問題の新たな在り様が見えてくる。

❹ 評価観と"あたりまえ"

　種市氏は，授業の評価として，本時の目標に関する「ほめる」，育てたい算数観に関する「ほめる」の2つの「ほめる」が大切だと述べている。確かに子どもを育てるということは，子どもの姿を認めほめることに違いない。いわばこれも"あたりまえ"のことである。ただし，前述の「まとめ」と同様，ほめる対象を偶発的な子どもの姿に頼っているのでは不十分である。意図的に子どもの変容が見られるように仕込んだ上で，必然として現れる子どもの具体的な姿を価値づけるのが指導としての評価である。だからこそ継続できるのである。特に，授業の終末段階での評価としては，子どもの変容を見取れるような授業構成とすることで，子ども自身に変わった自分を評価させるようにすることが大事になる。算数の授業における評価は算数的に価値あることを子どもに伝える手段であり，それが毎時間続くことで，子どもの変容が確かなものになっていく。

私の考える "あたりまえ"

先生のお考えを書いてみてください

Q14
- まとめは必ずやらなければいけないの？
- まとめるのは誰の言葉なの？

Q15
- 適用問題はやらなければいけないの？

Q16
- 評価は毎時間必要なの？

Part 3
授業のまとめ 編

Part 4

授業の全体 編

Question 17
- 間違いが出てこない授業がいい授業なの？

Question 18
- 指導案通りに流れる授業はよくない授業なの？

Question 19
- ノートの形式は決めたほうがいいの？

Question 20
- 板書の形式やチョークの色は決めたほうがいいの？
- 黒板は必ず写さなければいけないの？

Q17

岩手県久慈市立久慈小学校 沼川卓也 **私の主張**

間違いが出てこない授業がいい授業なの？

● 間違いが出てこない授業がよい授業なの？

　教師が求める正しい答えを発表するであろう子どもに指名する。その子どもが発表する。そして他の子どもたちの同意を得る。「いいですか？」「いいです。」そして，まとめを行い，定着問題，子どもから間違いは出てこず，時間通りに授業が進む…。このような「間違いが出てこない授業」は見栄えがよい。しかし，はたして，いい授業であろうか。間違いが出ないほうが想定内で授業が進み，教師にとっては楽である。そうあってはいけない。子どもの素朴な思考や直感からの間違いが授業の中にあり，教師がその間違いを真に生かす授業こそよい授業だからだ。子どもが気づき合い，子どもが学び合う楽しい授業をしたい。そんな楽しかった授業を紹介する。

● 1年「かたちづくり」でのこと

　1年生の「かたちづくり」の授業の時だった。本時は，教師と同じ形を予想して直角二等辺三角形での形作りをすることで，「かたち」を作る楽しさを味わい，平面図形についての理解の基礎となる経験や感覚を豊かにすることをねらいとした。

① 「さんかく」作りを見せる

　その授業の中で，次のような活動をした。まずはじめに，直角二等辺三角形の赤い色板を1枚提示した。次の形は4枚必要であることを伝え，4枚のときの形を予想させた。そして，はじめの1枚の「さんかく」より一回り大きな，「さんかく」（相似な直角二等辺三角形）を作り提示した。

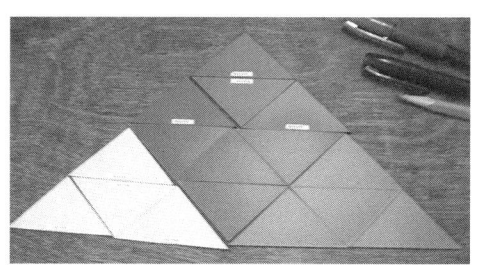

　そして，さらに一回り大きな「さんかく」（9枚）を考えて，作った。

② 次にできる「さんかく」の枚数（次にできる「さんかく」の枚数求め）

T：「次は，先生何を作ると思う？」

C：「9枚より大きい三角を作ると思います！」「絶対そう！」「そうだそうだ楽勝！」

T：「実はみんなが言うように，次もさらに一回り大きい三角を作ろうと思うんだけど…何枚必要かな？」

C：「…あ!!!!　わかった，14だ!!!」「うんうん14枚だ!!」　←間違い

T：「なんか14枚って言っている人が多いけど…気持ちわかる？」

C：「前の前が4枚でその次が9枚で5をたしてるでしょ？　9＋5で14枚！」　←間違い

T：「すごい。前の三角形の数をしっかり見て予想できたね。じゃあ作って確かめよう」

　子どもたちは，さらに一回り大きな直角三角形をなんとか作り，16枚だとわかった。

③ 次にできる「さんかく」の枚数　（実際に作った「さんかく」の枚数求め）
C：「ええ〜!!　絶対14枚だと思ったのに，14枚じゃない。16枚だよ!!」
C：「16なら，5たしてないね。…あ!!　たし算が見える!!」
T：「5ずつたしてないってわかったのにたし算が見えるの？」
C：「だって，16は4＋4＋4＋4になるよ」「すごっ!!　確かにそうだね」
T：「4＋4＋4＋4ってどういうこと？」
C：「4枚のがちょうど4つで，4になるよ!!」

● 間違いをあえて深め，帰納的な考え方を育む

　予想させる段階で間違いの発言をあえて取り上げ，その根拠を説明させ価値づけた。結果的に予想した枚数は間違いであったが，前と関連づけながら帰納的な考え方を用いて思考する楽しさを味わう経験をさせることができた。また，この経験を価値づけて展開したことで，9枚の時を4枚の時と関連づけながら式で説明したり図で説明したりすることもできた。4つ目にできた図形が4＋4＋4＋4で16枚になるという式は，求める枚数を式化して一般化する可能性がある。本時は，4つ目までの図形で実践したためこれ以上の形の枚数を求めなかったが，帰納的な考え方の素地を育むことができた楽しい授業だった。なぜなら，子どもの間違いから子どもが気づき合い，学び合う楽しさが生まれたからだ。

●「間違いが出てこない授業」から「間違いを生かす授業」へ

　「先生は間違ったおかげでみんながわかったって言うけど，結局，間違った人は間違いだから，みんなの前で間違いたくない。」ある1年生の言葉である。わずか6歳の子どもにも，一人の人間としての大人並のプライドがあることを，建前でわかっていても本音では納得できないことを痛切に感じた。これが，自分自身の授業を反省し見直すきっかけとなった言葉であった。

　算数の授業には正しい答えがある。それに伴って間違いもある。「間違い」を授業で扱うことはもちろんだが，それを真に生かした「間違いを生かす授業」にしてこそ，いい授業である。子ども自身で気づき，学び合う楽しさがある授業。授業が終わった後，子どもが思わず板書の前に集まったり，ノートに夢中で書き続けたりする姿。授業をきっかけに算数の世界にどっぷり浸り，算数を自分で拡げていく姿。私が目指すそんな算数授業は，子どもの間違いに答えがある。子どもの間違いに，今こそ本気で向き合いたい。

▼間違いをあえて深めた部分

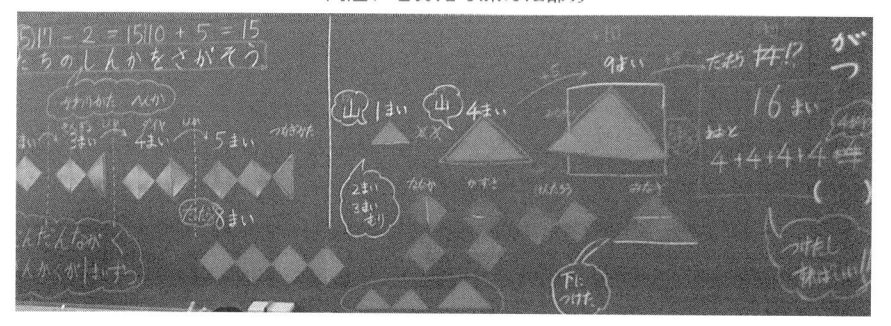

Q17

盛岡市立仁王小学校 横沢　大　私の主張

間違いが出てこない授業がいい授業なの？

❶ 子どもの間違いを生かす授業とは

「教室は間違うところだ」という。授業の中で「子どもの間違いを生かす」ために，安心して間違えることのできる授業にしようと努めているからである。子どもの素朴な間違いを生み，それを手がかりにより効果的に目標に向かうことができるという，子どもを大切にした授業にしたいからである。つまり，「間違いが出てくる」ことは，その「間違いを生かす」という，子どもを大切にした「よい授業」になる契機となる。間違いが出てこない授業は，子どもを大切にした「よい授業」とならない場合があるのだ。

しかし，実際の授業はどうであろうか。子どもの間違いを取り上げることはあっても，「間違いを生かす」ところまでは至っていないことが多いのだ。問題なのは，子どもの間違いの取り上げ方にある。誤答を取り上げ「〇〇さんの間違いのおかげで，みんながわかることができたね」とよく言うことがある。しかし，これでは誤答と正答を比較しているだけである。それでは，最終的には正答を言った子が活躍し，間違えた子どもはその引き立て役で終わる。それで終わるから，子どもは間違いを恐れて動き出せなくなり，授業が停滞してしまうのである。

それでは「間違いを生かす」とはどういうことなのか。子どもはどうしても答えの成否に目が行きがちである。しかし「なぜそう考えたのかな」と発想の源に思いを馳せ，間違いに至るまでの思考の過程を共有することで，間違いは間違いではないことに子どもたちは気づいていく。そうすると，「〇〇さんがこう考えた気持ちわかる」「だったら，こうしたほうがいいんじゃない」などと，間違いを解釈し，修正しつなげていこうとする子どもの姿が期待できる。子どもの間違いを単なる間違いで終わらせることなく，発想や考え方のよさを価値づけること，これが「間違いを生かす」ということである。その「間違いを生かす」，間違いが出てくる授業の一例を見ていく。

❷ 4年「計算のやくそくを調べよう」の実践から

(1) 複数の式を提示し，友達の式に目を向けさせる

本時は，買い物の場面である。以下を提示した。

> けんじさんは，140円のチーズバーガーと210円のスープを買って，500円玉を出しました。おつりは何円になりますか。

まず，既有経験をもとに自力でおつりを求めさせる。結果を求める式がノートに書かれた。意図的に分解式と総合式の2つを取り上げる。自分の立てた式と違う式に出合わせることで，「おつりの求め方がわかるように一つの式に表すこと」に問題意識を転換させる。そして，「どのように考えてこの式を立てたのだろう」と，友達の考えを解釈しようと導いていく。

(2) 式を読み，式を修正していく

次に，2つの総合式を提示する。AとBの2つの式を吟味し，問題場面をどのようにとらえ立式したのか表現させる。子どもたちは，2つの式を読み，次のように考えていった。

「Aの式は，(持っているお金)－(チーズバーガーの値段)－(スープの値段) 考えて式を立てたと思う」

「Bの式は，チーズバーガーとスープの代金をたしてまとめている。だから (持っているお金)－(買った物の代金) と考えて式を立てたと思う」

子どもたちが式を解釈し，「AとBどちらの式がこの問題場面に合うのかな？」と考え始めた。子どもたちは，「Aの式は，買った物を1つずつ引いているから，まとめて買った感じがしない。2つの物をまとめて買っているBの式のほうが，問題の場面にぴったり合う」と，口を揃える。しかし，「そう考えた気持ちはよくわかるけど…」と，首をかしげていた何人かが話し始める。

「でも，Bの式は計算すると答えが570になってしまって，おつりが150円にならないよ。」この言葉が出てきたらチャンスである。

「じゃあ，このBの式は間違いだね。問題場面に合うと思ったのになあ。残念」と仕掛ける。すると，「だったら，( )をつければいい」という考えが出てくる。そこで，これまでに学習した「計算のじゅんじょのやくそく」をもとに，Bの式のどの部分に，( )を書き加えればよいか全員で考えさせる。

どのように場面をとらえて立式したかを解釈すること，そして最初に考えた式に( )を書き加えて正しい式に修正することを通して，間違いを生かし，本時の目標につなげていくようにする。

(3) 話し合いを振り返る

「だったら，( )をつければいい」ということから，結果的には，Bさんの式である「500－140＋210」は間違いであり「500－(140＋210)」に修正されたのであるが，その考え方は間違いではなかったのである。2つの考え方があることがわかったという確認をした。「間違いを生かす」とは，間違いを解釈しその「考え方」を見出し，その考え方を納得し合ったり，一部修正し正しい表現にし合ったりすることである。間違いが出てくることを生かすことで，子どもを大切にしたよい授業となる。

Q18 指導案通りに流れる授業はよくない授業なの？

群馬県太田市立旭小学校 小川和子 （私の主張）

「指導案通りに流れる授業」には2種類ある。1つは，子どもたちの反応に構わず授業を進めている「指導案通りに流れた授業」だ。それは，教師が説明し教えてしまう授業や，教師が誘導してしまう授業だ。これでは指導案通りに流れたとしても，子どもたちのためになる授業とは言えない。この場合は「指導案通りに流れる授業」はよくない。なぜなら，子ども自身が主体的に学ぶように問題に向き合い，子ども自ら考えていないからだ。

もう1つは，子どもから出てきた「気づき」を大切にした結果，概ね「指導案通りに流れた」授業だ。それは，子どもと向き合う綿密な計画が功を奏し，ほぼ「指導案通りに流れた授業」だ。この場合は，ほぼだが「指導案通りに流れる授業」はよい授業となる。こういう授業は理想であり，その実現は非常に難しい。しかし，難しいからと，前者のような教師主導の授業になっていいはずがない。なぜならば，算数授業では，子どもが主体的に取り組み，考える力をつける授業をしていくことが求められているからだ。

しかし，子どもから出てきた「気づき」を大切にし，考える力をつけ，かつ，計画に沿った授業を，ほぼ指導案通り実践するというのはなかなか難しい。子どもの「気づき」を大切にすると思わぬ方向へ進んでしまうことがあるからだ。ではどうしたらよいか。まとめると，次のような2つのことを実践するときの留意点とすればいい。

| 留意点① ねらいに迫る子どもの「気づき」を引き出す教師の「仕掛け」をすること。
| 留意点② 授業の「通過点」を決め，そこでの子どもの「気づき」に向き合うこと。

「気づき」をもとに授業を進めるためには，「気づき」を偶然にまかせ待っているだけではだめだ。まずは，期待する「気づき」を引き出す「仕掛け」が不可欠である。次に，子どもの主体性を保障し，自分なりに考える場を作るのだ。ただし，「気づき」から授業が思わぬ方向へと進まないように，ねらいへとつながる「通過点」を教師が決めて，そこでの子どもの「気づき」をあらかじめ予想し，その「気づき」に向き合い，取り上げ，授業を目標に向けて進めていく姿勢を持っていなければならない。

ここでは，4年生「小数のわり算」第1時の授業を例にして考えてみたい。この授業の目標は，「小数÷整数の計算の意味や計算の仕方を，既習を生かして考えることができる」である。この事例で，6つの「通過点」における「仕掛け」と，そこでの子どもの「気づき」を見てみよう。

● **課題提示場面で：整数の問題から始め小数に移る仕掛け**

小数のわり算は，整数のわり算の延長線上にあることを感じてほしい。そこで，本時では問題文に□を使い，整数から小数へと変えることにした。整数のわり算になるように，まずは，「□がいくつなら，簡単かな？」と子どもたちに投げかけ，当てはまる数を考えさせた。本時では，「3L」という意見が出た。3÷3＝1として，その式の意味を確認した。

次は，いよいよ小数である。この問題の数については，何でもよいわけではない。「今度はもっと難しくしよう」と言って，□に「3.6」とゆっくり書いた。

● **解決計画場面で**：答えを確認してしまい，自力解決では解決方法を考える仕掛け

　小数の場面に変わっても，子どもたちは難なくノートに式を書いた。答えまで書いている子も多い。式を発表させると，続けて答えを言いたいとばかりに手を挙げる子がいる。この勢いを，答えの正誤ではなく解決方法へと向けたい。そこで，「1.2」という正答を出させてしまい，「答えは12じゃないの？」と切り返した。これは寄り道のようだが，答えが12にならない理由を考える中で，問題場面をイメージしたり，解決方法に気づいたりできる。「3.6÷3は本当に1.2か」というめあてもはっきりした。

● **自力解決場面で**：発表用の板書を一部分開始する仕掛け

　長引きがちな自力解決は5分間とした。その間，子どもたちのノートから多様な考えを探し，一部分を次々に板書していく。これは，解決方法の発表準備であるが，行き詰まった子へのヒントにもなる。

● **発表場面で**：考えを読むことで解決方法の共有をしていく仕掛け

　発表するときに，板書された解決方法の一部分を使い，続きを学級全体で考えていく。すると，一部分しかないため考えを読めず，「どうやったの？」「どうして？」という子どもがはっきりわかる。そんなつまずきや，自力解決で把握したつまずきに丁寧に寄り添いながら，解決方法の共有をしていくことが重要だ。

● **発表の振り返り（練り上げ）で**：比較・検討の視点に関する「気づき」

　本時は，既習を生かしいくつかの解決方法を考えることに価値を置くため，子どもたちの素直な「気づき」を引き出すようにした。素敵な意見がたくさん出た。子どもから出てくる「気づき」に向き合い，比較検討の視点となるキーワードをほめて取り上げていく。
　「Sくんのは，一番早くできて，わかりやすい」
　「でも，Sくんのは，答えの点の位置に注意すること」
　「Sくんのやり方とYくんのやり方は似ている」
　「Iくんのは1年生の時のサクランボ計算と同じだ」
　「お金やLますをかく方法は，正確だけど，かくのに時間がかかるよ」

● **まとめの場面で**：発展的な予想外の嬉しい「気づき」

　授業の終わりの時だ。「4.8÷4＝1.2と計算できたけど，4.9÷4みたいにわれない数ならどうするの？」という，次につながる「気づき」が出た。「気づき」を大切にしてきたことが，素晴らしい発展へとつながった。

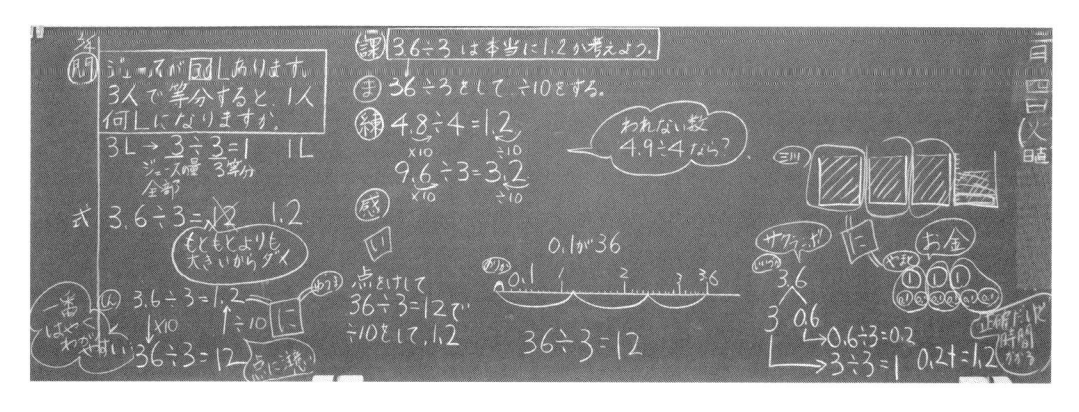

Q18 指導案通りに流れる授業はよくない授業なの？

茨城県つくばみらい市立福岡小学校　東郷佳子　私の主張

● どのような指導案を立てているか

　「指導案通りに流れる授業」がよいか悪いかを判断するために，まずは何を「よい授業」とするか決めなければならない。教師の多くが，子ども主体のよい授業をしたいと考えている。であるから，子ども主体の授業をよい授業とする。すなわち，子どもたちの実態や反応を把握して，子どもが問題に働きかける場を作り，本時の目標に迫っていく授業である。けれども，いざ指導案を立てるとなると，子どもの実態や子どもが働きかける場よりも，本時の目標に迫るための問題解決の形式ありきになってはいないだろうか。もしそうであれば，「指導案通りに流れる授業」はよくない授業になるだろう。なぜならば，目標に迫ることは大切なのであるが，それだけであるならば，教師側の都合で立てられた指導案であり，子どもの主体的な学びをねらっていないからである。一方で，普段から子どもたちの実態や反応を把握して，子どもが問題に働きかける場を作り，目標に迫っていこうと立てられた指導案もある。その場合，「指導案通りに流れる授業」はよい授業となる。

● 案はよくても授業がよくない場合も

　ところが，目標に迫る子どもの主体的な学びをねらった指導案であっても，授業が指導案通りにならない場合もある。授業前は，子どもたちの視点に立って指導案を立てたはずなのに，子どもが思い通りの反応を返してくれないことや，始めはうまく流れていたのに途中から思わぬ方向にいってしまうこともある。これは「指導案通りに流れない」ことになってしまった授業であるが，子どもの主体的な学びを大切にした点からすれば「よい」としていいところがある。しかしながら，目標に迫るという点から改善が求められる。限られた時間の中で，子ども主体に目標に迫るよい授業ができればいいのだが，授業はうまくいかないこともある。そのような時，つい正しいことが言えそうな子を指名して，強引に目標へもっていきたくなる。子ども主体で目標に迫るよい指導案でよい授業ができたら最高だと思うけれど，なかなかうまくいかないのだ。

● 1年「ちがいはいくつ」の導入の授業から

　そこで，子ども主体で目標に迫るよい授業となる，一つのポイントをとらえてみる。それは，子どもたちが，関心をもって考えを出し合い，目標に対応した新しい学習としての「言葉」を共有し，子どもが楽しいと感じる授業の仕掛けである。1年生の授業で見てみよう。

(1) 「あれっ。変だよ」から，考える場を作って

　あかいはなが4ほんあります。きいろいはなが3ぼんあります。のこりはなんぼんでしょう。

　問題文を提示すると，子どもたちが一瞬戸惑いの表情を見せる。「何かおかしい」と。

教師は，始めに「今日もひき算の勉強をします」と話をした後に，問題提示を行った。1人が「『のこりは』だから，ひき算だよ」と言うと，同意する子もいれば，「変だよ。だって，たし算の言葉がある」という子もいた。本来は，求差の場面に「残り」という言葉は出てこない。それをあえて問題文に入れたのは，子どもたちに，まさに「変だな」と感じさせ，本当にひき算になる場面なのかどうか考えさせたかったからである。

「『のこりは』だから，変じゃないよ。ひき算だよ」「4－3＝1だから，ひき算だよ」という意見が多数派で，「『のこり』が，おかしい。たし算しかできないよ」という意見が少数派であった。「だから」「ひき算だよ」「変だよ」という3つの子どもの言葉を板書し強調した。

(2) 絵カードを動かして話し合う

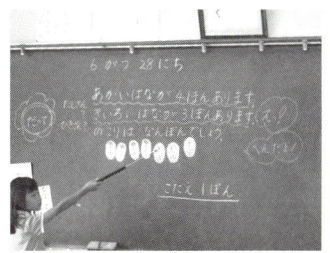

しかし，「4－3」はなんとなく見えるのだが，提示された問題は，これまでに学習したたし算にもひき算にも当てはまらない。「残り」という言葉がつながらない。

そこで，絵カードを提示した。それを使って考え始めた。子どもの働きかけが始まった。「だから」「ひき算だよ」「変だよ」という言葉を使いながら，子どもたちは話し合いを続けていった。

(3) ペアにしていくと，1個残るからひき算

子どもたちは，場面に合うように，試行錯誤しながら何度もカードを並べ替えていった。すると，黒板を黙ってじっと見つめていた一人の子が発言した。カードを動かし，それまでとは違うカードの並べ方をして，「ペアにしていくと，1個残るからひき算」と，説明した。「あーっ。残るからひき算だ」「ペアにしていくと」の考え方が子どもたちを納得させた。問題文の「のこりは」を「ちがいは」に置き換え，新しいひき算を学習することができた。「だから」「ひき算だよ」「変だよ」という言葉から，「ペアにしていくと」「のこる」「だから」「ひき算」という学びがおきたのだ。

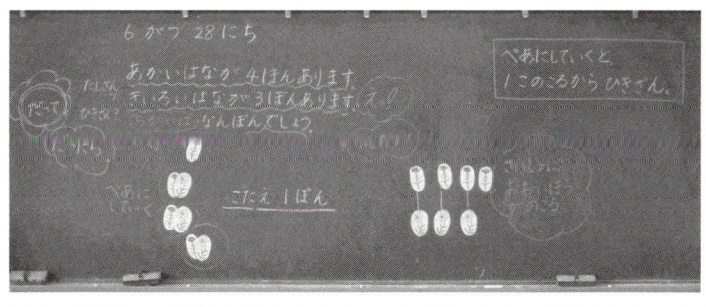

「ペアにすると」の言葉は，クラスの算数の言葉になって3学期まで用いられた。子どもたちが関心をもっていろいろな考えを出し合い，目標に対応した言葉が子ども側から出てきて，それが新しい学習を共有し愉しいと感じさせる要因となった授業だった。

授業が指導案通りに流れても，子どもたちが，自分たちの言葉で「わかった」「楽しかった」と感じることができないなら，子どもの理解は表面上にとどまっている。クラスみんなで考えわかるようにするため，指導案にある目標に迫ることに対応した子どもたちの様子，特に子どもから出てくる言葉を見取りながら学習を進めることが大切である。

Q18 指導案通りに流れる授業はよくない授業なの？

大阪府豊中市立熊野田小学校　直海知子　私の主張

● 指導案はあくまでも『案』である

　以前，野口芳宏先生の国語授業を参観した時のことだ。子どもの国語に対する学びの姿勢ができていないと，授業の中で音読を何度も繰り返された。そのことにより，その授業は指導案のほんのはじめで終わってしまった。野口先生は授業を延長されることもなく実にあっさりと授業を閉じられた。その後の協議会で，パネラーから「指導案のほとんどができなかったですね」と指摘があった。すると，すかさず野口先生は「だから『案』って書いてあるのですよ。授業は子どもの様子を見て進めるもの，あくまでも指導案は『案』なのです」とおっしゃった。その野口先生の言葉がとても鮮明に私の記憶に残っている。なぜならば，今まで「指導案通りに流れる授業」がよい授業だと考えていたからだ。

　地図でたとえるならば指導案は教師が示した1つの道筋である。しかしスタートからゴールまで道はたくさんある。とはいえ，あまりにもかけ離れた道を進むと授業の目標というゴールが見えなくなってしまう。そんな時は，たとえ道の途中でも思い切って方向転換すればよい。はじめから無難な道を歩ませるのではなく，想定外の子どもの考えや，どの方向に進めばよいか悩んでいる子どもの声に耳を傾け，「へー，そんな考え思いもつかなっかたなぁ。面白い考えだなぁ」「そこでわからなくなっているんだね。さて，みんなどうしたらいいかな」と逆境を楽しむ余裕がほしい。学習したいことに関連できそうな考えであれば「うーん，よくわからないな。誰かわかる？」「今日はその意見についてみんなで考えようか」と開き直ることがあってもいい。

　大切なことは授業で一番何を大切にしたいかだ。その場，その時の子どもたちを大切に思い，注意深く子どもたちを見ることができればいいのだ。授業後半で，教師が必要以上にしゃべりまとめ，教えたつもりになることはない。だから，「指導案通りに流れる授業」がよい授業だとは限らない。もちろん，子どもたちを大切に思い，注意深く子どもたちを見ることを盛り込んだ指導案ならば，「指導案通りに流れる授業」がよい授業となる。いずれにしろ，子どもたちを大切に思い，注意深く子どもたちを見ると，指導案からずれることが多い。そのずれを見るために指導案がある。その授業例をあげてみる。

● 3年生の分数の授業での問題点

> 1mを4等分した1こ分の長さを「4分の1m」といいます。

　2年生と3年生の分数に関する指導内容の大きな違いは，分数のあとに単位名がつくことである。単位名がつくということは量として扱うということであり，いわゆる「量分数」である。「4分の1」mは1mを基準として4等分した1つ分の大きさ，つまり25cmである。しかし，日常生活で使う分数は「分割分数」がほとんどなので，「何を『基準』にしているのか」が希薄だ。3，4年生の教科書では分数の導入場面でテープ図を扱う。3，4年生で学習する分数の意味は「量分数」であるが，提示されたテープなどの場面は「分割分数」の意味も含んでいる。子どもが2つの分数の意味の区別が十分できていない

まま，5年生で「割合分数」を学ぶ。このことにもっと注意をはらう必要がある。

● きれいに流れそうだった授業

　3年生の分数導入の場面で，先に書いた課題を克服するため，まずは「量分数」に対する確かな理解が必要だ。授業では1mより長いテープの長さを求める場面で，はしたの長さの表し方を考えさせた。量感をもたせるため，一人ひとりに1mのテープを配り，4等分させ，「4分の1」mとした。そして定規で測定し，「4分の1」mは25cmであることを確認した。さらに，1mを3等分した1つ分は「3分の1」mと表すことができ，5等分では「5分の1」m…と子どもたちは次々に分数で表すことができ，ここで授業は終わりの予定だった。指導案通り，授業はきれいに流れそうだった。

　しかし，「3分の1」mや「5分の1」mが出てきた途端，さっきまでテープを使って実際の量の1つとして分数を考えていた子どもが，3等分だから3分の1，5等分だから5分の1，と基準となる長さを考えず，次々に処理している様子を見た。注意深く見た。「量分数」がわかっていない。そこで，確かめてみたい気持ちがわいてきた。

● わかったつもりを揺さぶる

　『みんな今日の授業がよくわかったかな。さっき習った「4分の1m」の長さだけ，はさみで切り取って持ってきてごらん』と，あえて32cmの長さの紙テープを全員に配った。まだ，黒板に先ほど書いた『4分の1m＝25cm』が残っているにもかかわらず，ほとんどの児童が32cmの4等分，つまり，8cmのテープを持ってきたのだ。

　わずか数人だけが25cmを定規で測って持ってきたので，黒板にテープを貼り，その違いを見せたのだ。

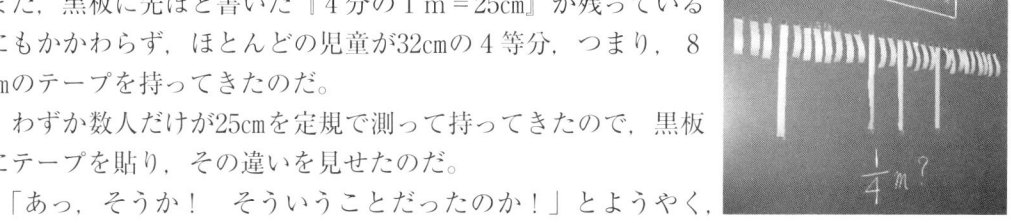

　「あっ，そうか！　そういうことだったのか！」とようやく，今日学習した意味を子どもたち全員が理解できた瞬間だった。その時，やはり「量分数」と「分割分数」を混同している子どもが多いと指導者は認識した。そして，「分割分数」と「量分数」との違いが明確になるようにしなければならないと痛感した。その結果，「分割分数」と比べながら『何を基にしているのか』を子どもが意識するように32cmから「4分の1」mととった結果をもう一度じっくり考えさせたのだ。指導案からずれても，その場の子どもたちの思いや考えを大切にし，注意深く子どもを見ることによって，子どもが学習するように導く。これが「目標に向かう授業」で大切なのである。

● 終わりに

　授業の最後10分間，32cmの紙テープから「4分の1」mをとる活動は，指導案にはない展開だった。しかし，この展開がなければ教師も教えたつもりできれいに流れる授業として終わっていた。子どもの思考の流れや理解によって授業は変化してもいいのだ。大切なことは，目標に向かって臨機応変に対処できる教師だ。「～しなくてはいけない」というしばりにエネルギーを注ぐなら，そのエネルギーを教材研究に向けるべきだ。きれいに流れまとめた授業の協議会は盛り上がりに欠けるが，子どもにまかせた結果，右往左往した授業は，なぜか協議会は活発である。指導案通りに流れない授業ができるということは，その場の子どもたちの思いや考えを大切にし，子どもが学習するように導いたよい授業だったという，教師としての自信の表れでもある。

Q19

高知大学教育学部附属小学校 松山起也　私の主張

ノートの形式は決めたほうがいいの？

❶ ノートは誰のためのもの？

　ノートは誰のためのものだろうか。ノートは，教師が「かきましょう」と言ってかかせるものではなく，子どもが「かきたい」「かかなければならない」という思いをもってかくものである。つまり，子どものためのものだ。自分の思いや考えをノートに自由に表現することができたとき，子どもたちはいきいきとノートづくりを楽しむようになる。

　そうなるためには，ノートの形式は決めたほうがいい。しかし，それは教師が決めたものを一方的に与えるのではなく，教師と子どもが一緒になって創っていかなければならない。では，ノートの形式を子どもと一緒に創っていくとはどういうことなのか，低学年の実践をもとに以下に述べる。

❷ かき方の形式を一緒に創っていく

　ノートは何のためにかくのだろうか。大きく以下の2つの役割が考えられる。
　① 自分の考えを整理する
　② 自分の学習の足跡を記録として残しておく
　②は，その授業を振り返ったり，学習したことを他の場面に活用したりできるようにしておく役割である。そのためには，自分にとって「見やすいノート」にするべきである。

　ノートを使い始めた1年生に，「黒板にかいてあることをノートにかきましょう」と指示を出すと，小さな字で隅のほうにかく子や1行かくと次のページに進んでしまう子，どのようにかいたらよいのかがわからずに何もかけない子が見られる。そこで，「1マスに1字をかく」「適度なスペースを空ける」といった最低限のかき方を示し，子どもと一緒にかく場所を確認しながらかき進めていく。

　今度は，2種類のノート（写真①）を提示し，「どっちのノートがいいの？」と問いかける。すると，子どもたちは「日付が書いてあったほうがいつの日のノートかわかる」「問題や題名を青で囲んでいるほうが授業で何をしたのかが見えやすい」などと，ノートのかき方のよさをそれぞれの言葉で表現する。このように，ノートづくりの基礎を培う低学年では，ノートのかき方を教師が手本として示し，そのよさを子どもの言葉で確認させていくことで，子どもたちと一緒にかき方の形式を少しずつ確認し合っていくのである。

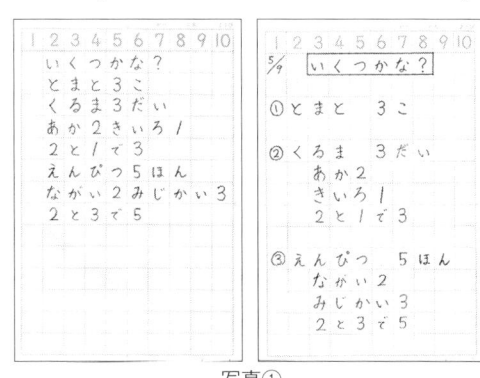

写真①

❸ つくり方の形式を自分で創っていく

　では，高学年でこういった基本的なノートのかき方がしっかりと身につき，板書通りにきれいに写したノートはよいノートと言えるのだろうか。確かに，板書を写すだけでも授業の足跡をノートに残しておくことはできる。しかし，それだけでは，ノートづくりは単に板書を写すだけの作業になってしまい，自分の学習に対する真の足跡にはならない。よいノートとは，自分の学習の足跡が見えるノートであり，そこには自分の思いや考えが自由に表現されているはずである。このようなノートづくりを目指すためには，低学年のうちから，❷で述べたようなかき方の形式だけではなく，自分の思いや考えも表現できるノートのつくり方の形式にも少しずつ触れさせていく必要がある。

　例えば，1年生の「なんばんめ」の授業で，左から2番目に色をつける時，答えを間違えていたことに気づき，消そうとしている子がいた。そこで，「もったいないよ。なぜ消すの？」と尋ね，「自分が間違えた考えや答えは残しておいたほうが，自分の学習した足跡が残るノートになる」ということを価値づけた（写真②）。また，普段から板書で手本を示したり，工夫してかいている子のノートを紹介したりしていくことで，吹き出しや色分けも，次第に自分で自由に使えるようになっていった（写真③）。こうした積み重ねが，「こういう時には吹き出しを使おう」「ここは2色で色分けしよう」といったように，ノートのつくり方の形式を自分で創っていく姿へとつながっていくのである。

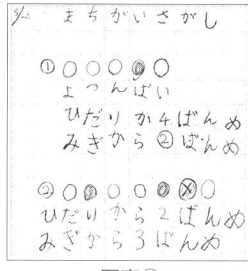

写真②

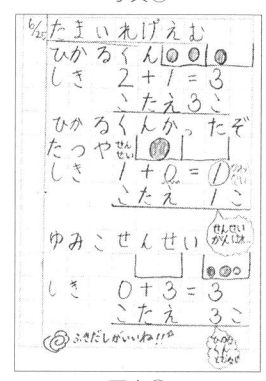

写真③

❹ 子どものための形式を！

　形式にこだわってしまい，子ども自らの思いを自由に表現する機会を奪ってしまっているノートを見ることがある。それでは本末転倒であり，「そのような形式は決めないほうがいい」と言いたい。教師は，あくまでノートが「子どものための形式」になっているかどうかを一番に考えて，子どもと一緒にノートの形式を創っていくべきである。

　ノートをかく力がついてくると，子どもたちはどんどんノートづくりを楽しむようになる。1年生でも，授業中に何ページもノートをかいたり，休み時間になっても思いや考えを表現したりしながらノートに表している姿がよく見られる。授業が終わった後に，「先生！他にもこんな考え方があるよ！」と嬉しそうにノートをもってくる姿を見ると，こちらまで嬉しくなる。形式が子どものための形式に，ノートが子どものためのノートに，そして子どもにとっての宝物となるようなノートづくり，授業づくりを目指していきたいものである。

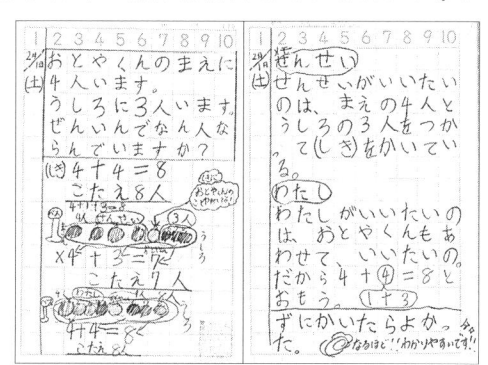

Q19

山口県美祢市立大嶺小学校　宮川　修　**私の主張**

ノートの形式は決めたほうがいいの？

　結論から言えば，最低限の形式は決め，学年や子どもたちの実態に応じてノート指導をしたほうがいいと思う。最低限の形式とはどのような形式か，また，どのようなノート指導を行うのか，実践とあわせて述べる。

● 最低限の形式とは

　以下の2点を最低限の形式として指導することにしている。ノートをどのようにとったらよいのかわからない子どもも多い。ある程度の形式は必要だと考えている。

○ ノートの左に縦線，月日とページ，問題番号をかく
○ はじめにタイトル，終わりに振り返りをかく

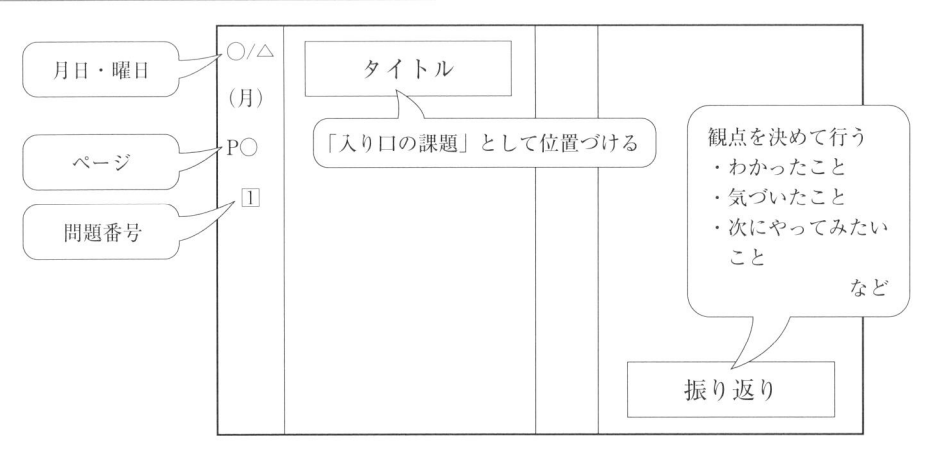

月日・曜日	○/△ (月)	タイトル	観点を決めて行う ・わかったこと ・気づいたこと ・次にやってみたいこと など
ページ	P○	「入り口の課題」として位置づける	
問題番号	1		振り返り

　はじめの「タイトル」は，本時の「入り口の課題」を板書上にかくようにしている。例えば，第5学年「合同な図形」の導入では，合同な三角形や四角形を見つけることを通して，写し取った図形をどのように動かして見つけたのか明らかにし，合同の意味をつかませることがねらいであった。そこで，「ぴったり重なるのはどれかな？」というタイトルを板書した。本時の「めあて」として位置づけるのではなく，「課題」として位置づけているため，子どもたちへの初発問がかかれると言ってもよい。

　終わりの「振り返り」は，学習で学んだことを記録しておく部分である。振り返りの観点としては，「わかったこと」「気づいたこと」「次にやってみたいこと」などがある。これらの観点に沿ってかくことで，自分の思考が改めて整理されると考えている。したがって，振り返りを入れることもノートの形式の一部として位置づけている。

● 子どもが「自分自身の形式」をもつノート指導を

　教師が形式をあまり細かく決めてしまうと，子どももその形式にとらわれ，ノートをと

ること自体が目的となりかねない。私は，子どもたちが前述の形式をもとにノートづくりをしながら，「自分なりの形式」をつくってほしいと願っている。つまり，最低限の形式を骨格とし，肉づけを子どもたち自身が行うのである。以下，子どもたちが，自分なりに納得しながらノートをつくるための指導を3点述べる。

> ① モデルとなるノートを紹介し，価値づける
> ② 失敗も財産であることを伝える
> ③ ノートを整理する時間を適宜確保する

① モデルとなるノートを紹介し，価値づける

　ノートの使い方が具体的にイメージできない子どももいる。その際には，モデルとなるノートを紹介し，価値づけるようにしている。合同の学習では，子どもたちは，合同の定義をノートにかいた。「合同」「ぴったり重なる」などの言葉に色を使っていた。そのような子どものノートを見せ，「大切だなと思ったところに色が使われていていいね」や「枠で囲んであると大切なところが一目でわかるね」などと価値づけた。この時は一斉指導で行ったが，机間指導中に「Aさんのノートは，大切なところに色が使ってあるよ」と促しながら個別指導するのもよい。その他にも，「1行空けてかくと見やすいね」「マスを使うと位が揃うね」「自分が思ったことを吹き出しで入れている人もいるよ」といった紹介もしている。

② 失敗も財産であることを伝える

　ノート上で試行錯誤したことを残さず，結論だけを残す子どもがいる。試行錯誤してきたことを「失敗」ととらえている。4年のわり算の学習では，商をたてることに試行錯誤する子どもが多い。学習の過程を残している子どもを取り上げ，「自分がどのような考えをしてきたかがよくわかるね」や「こうやってかき残しておくと，これではできないということがわかるね」などと価値づけた。失敗も財産になるということである。一見きれいに見えるノートが，必ずしもいいノートとは限らない。消しゴムは極力使わせないようにしている。

③ ノートを整理する時間を適宜確保する

　最近，授業の中でよく行っている手立てである。授業の活動と活動の間や終末に，2，3分でノートを整理する時間を必要に応じて設けている。この間に1，2の指導を行っている。下学年での実践経験はないが，4年生からは十分できる。子どもなりの工夫がよく見られる時間である。

● ノートを活用する子ども

　授業中，前の学習を振り返ろうとする子どもの姿をたまに見かける。例えば，「ぴったり重なる図形を合同な図形と言ったでしょ。〇月〇日にやりましたよね。だから…」という姿である。最低限の形式を与え，子どもが自分の形式をもつようなノート指導を繰り返すことで，ノートをつくる価値を感じ，学習に活用する子どもを育むと考えている。

Q19 ノートの形式は決めたほうがいいの？

山口大学教育学部附属山口小学校 森本隆史 私の主張

　考えることが苦手な子どもには，ノートの形式を決めることは必要である。本稿は，その点に絞って述べることとする。

● 考えるために必要なこと

　算数は問題解決をしていく学習である。まず，自分で考えたことを表現して問題を解決しようとする。そして，友達の考えにもふれることで，今までの自分の考えを見直し，さらに考え，表現していく。このような活動が繰り返されていくことで，子どもたちは，考えることの楽しさを感じ，算数のことが好きになっていくのである。

　しかし，考えることが苦手な子どもはどうだろう。問題をかいた時点で鉛筆が止まり，時間が経ってもノートは真っ白という子どももいる。問題が与えられても，「自分で考えたことを表現する」ことができないのである。頭の中だけで答えを出そうとして，何をかいたらいいのかわからないのである。そのような子どもが算数を好きになるわけがない。実は，そのような子どもにこそ，ノートの形式を決めることは必要である。

　考えるために必要なことは，主に，言葉，数，式，図などを関連づけることである。思考するための図をかいてからそれを立式の根拠とすること，式の中に出てくる数に言葉をつけ加えることなどがそれにあたる。考えることが苦手な子どもには，考えるために必要なことを与えてあげればいいのである。

● 形式を決めたノート指導〜図のかき方を与える〜

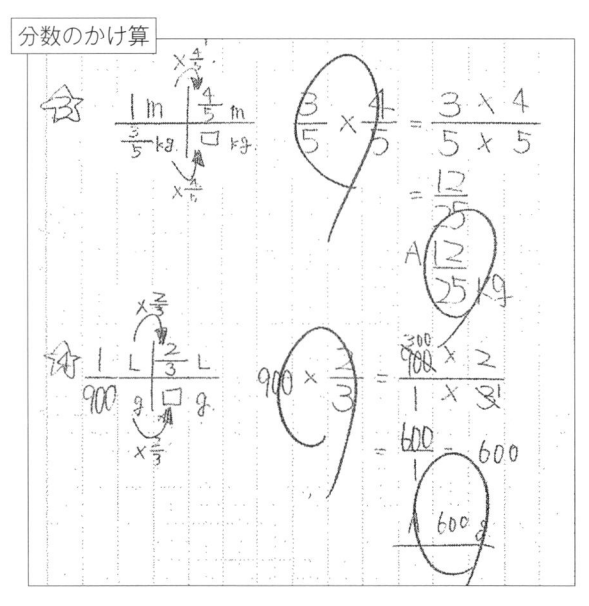

　左の4マス図は，子どもからなかなか出てくるものではない。問題文を読んだ後，4マス図をかいて数の関係を考えると式を立てることができるということを教師が教えて，子どもに考えさせた。そして，板書したものをノートにかくよう促した。形式を決めてノートにかかせている場面である。

　3問目あたりになると，それまで考える術が何もなかった子どもは，にこにこしながら4マス図をノートにかいて，自分で式を考えることができるようになっていった。

● 形式から学んだ後の子どものノート

（問題）
コピー機があります。1分間で72枚印刷できます。
45秒では，何枚印刷できますか。

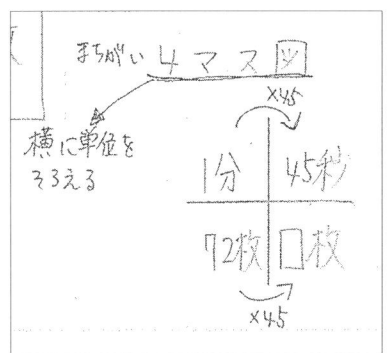

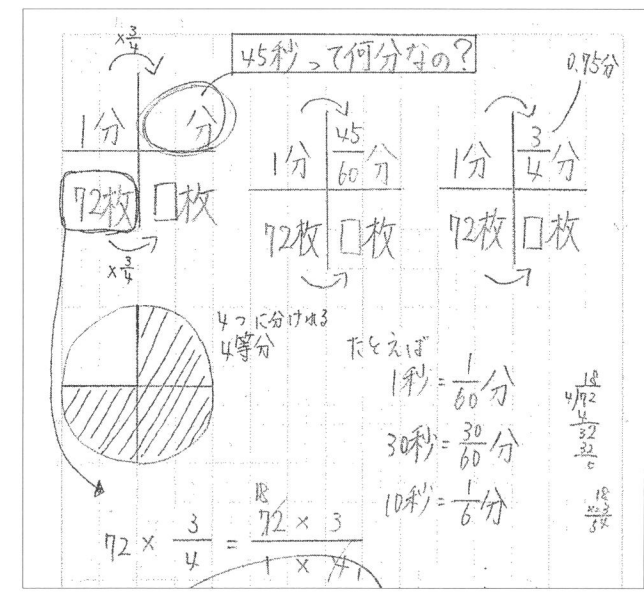

上の問題に対して，分数のかけ算で初めて4マス図を学んだ子どものノートである。それまでは，問題文と式と答えがかかれているようなノートであった。

しかし，4マス図のかき方を形式的に学んだ後，この子どものノートは変わっていった。今まで何をかいたらよいのかわからなかった子どもが，4マス図を中心に，自分の考えや友達の考えをノートにどんどんかくようになったのである。

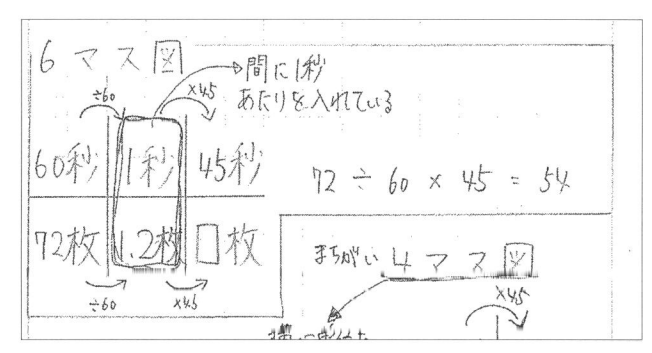

この子どもは，右のような図もノートにかいていた。これは，友達が4マス図をアレンジしてかいた6マス図である。振り返りでこの子どもは，「6マス図を使うのはとてもすごいなと思いました。よくわからないところがあったけど，友達が言っているのを聞いていると，だんだんわかってきました。」とかいている。この子どもはこの時点では，はっきりと6マス図の考えを理解していないが，かくことによって，友達の考えを学ぼうとしていることがわかる。

形式を決めることにより，ノートに自分の考えや友達の考えが広がっていった例である。

※なお，本実践は，前任校山口市立大歳小学校における実践である。

Q20

青森県中部上北教育委員会 熊谷 純 　私の主張

板書の形式やチョークの色は決めたほうがいいの？
黒板は必ず写さなければいけないの？

❶ 板書の重要性とチョークの色分けについて考える

　授業における板書とは，授業を構成する要素の中でも特に重要なものの一つであると考えている。その理由は以下に挙げる3つにある。

① 教材としての重要性
② 思考を深める道具としての重要性
③ 学習の記録としての重要性

　これらのことを考慮すると，板書でチョークの色を使い分けるのに反対する先生はいないだろうと考えている。

　さて，チョークの色分けについて，上記3つの重要性に関連させ，実際の授業場面で振り返ってみる。

　五角形の内角の和を求める授業実践において。

　問題は，次のようなものであった。

　問題　次の五角形の内角の和を求めましょう。

この発問の後，子どもたちからは3つの考えが出された。

① 180×3
② $180 \times 2 + 180$
③ $360 \times 2 - 180$

　そこで，「こんなふうに考えた子の気持ちがわかるかな？」と尋ねた。すると，「わかるわかる！」という声が学級に広がり，黒板に考えをかき込みながらの説明が始まった。

　この場面で教師は，意図的に，しかし不自然にならないようにチョークやマジックペンを色分けして渡す必要がある。

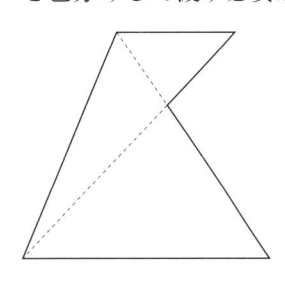

　まず①の式「$180 \times 2 + 180$」の式についての説明の場面。

　この図について説明するときに，線の色を変えて強調するとしたら，もちろん左図の中の三角形を区切る2本の線になるはずだ。

　この2本の線を強調することで，多角形は三角形や四角形に分けて考えるとよいことに気づくからである。

　それでは，②の $180 \times 2 + 180$ の式について考える場面ではどこを強調することになるだろうか。

　私は右の図の(ア)の角を表す場所を強調した。先の図のように三角形に分けることは既習になっているのだから，新しく

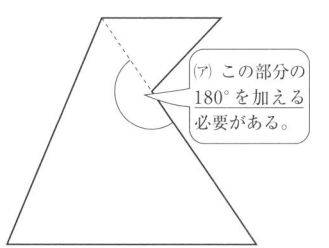

(ア) この部分の $180°$ を加える必要がある。

学ばなくてはいけない「180°の角を加える」ということを強調するためである。

ここまでの色チョークの使い分けで，2つのことが黒板に強調されることになる。

(1) 多角形は，三角形や四角形に分けると，内角の和が求められる。
(2) 多角形の形によっては，三角形や四角形に分けた他に加えなくてはいけない角に注意しなければいけない場合がある。

これらは，次の③の式を分析するための大きなヒントとなる。

③の式は360×2－180 となっているが，先にヒントとして色分けされた(1)(2)から，「四角形に分けた」後に，今度は「必要のない180°」を見つけるのだなと推測されるからだ。

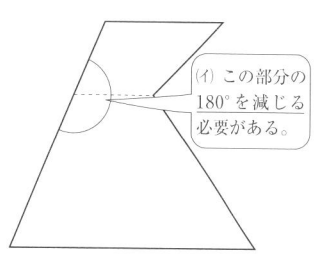

結局，分析した図は右のようになったのだが，今度も強調されたのは，「(イ)の不必要とされた角の大きさ」になった。

また，このような授業の板書では，色分けだけでなく，考えを並べて整理できるように，写真のように紙にかき，移動させながら考えを深めさせることも，板書の構成としては大切なことになると考えている。

❷ 板書を必ず写さなくてはいけないのかについて

このことについての結論は，「①大切なところを写したほうがよい板書」と「②写せないような板書」を意識的に授業に取り入れる必要があるということ。

まず，「①大切なところを写したほうがよい板書」については，どのような授業が考えられるだろうか。それは，演繹的な考え方を積み重ねて，公式や定義を見つけ，それを身につけるような授業においてである。

さて，私が重要だと考えるのは，「②（大切なところを）写せないような板書」である。

算数の授業の後に国語の時間をセットして算数作文なるものを書かせることがある。授業の流れを再現して作文を書くのだが，子どもからは結構評判のよい国語の授業である。上手な算数作文を書くために，友達の話をよく聞いたり，板書にないことでも自分で大切だと考えたことはすすんでノートにメモしたりするようになる。これが，意欲的にノートをとる原動力となり，結果として質の高い学びとノートを作ることになる。

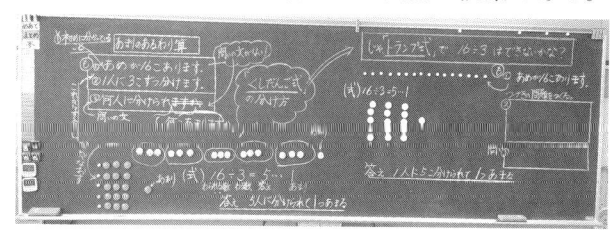

そのねらいから，授業中に「まとめ」などの大切なことをわざと残さないようにすることがある。このことが，子ども自らが授業の流れを振り返り，まとめを書く力を育てることにつながると考えている。

※前半の実践は，第1回RISE授業セミナーでの田中博史先生の実践を学級の実態に合わせて追試したもの。後半は，3年生のあまりのあるわり算の「まとめ」を書かない板書。

Q20

大阪教育大学附属池田小学校 樋口万太郎 私の主張

板書の形式やチョークの色は決めたほうがいいの？黒板は必ず写さなければいけないの？

● 子どもたちの望む板書とは

文部科学省のホームページには，中学生を対象に調査した「子ども達の望む板書」（http://www.mext.go.jp/a_menu/shotou/clarinet/002/003/002/005.htm）が掲載されている。そこには8項目が掲載されているが，そのうち4つの項目が下記である。

> ② 位置…黒板の下や両わきに書かないでほしい。
> ③ 色…色チョークを使ってほしい。色チョークを何色も使いすぎないでほしい。
> ⑥ まとめ方…要点だけ書いてほしい。番号・記号・箇条書きで整理してほしい。
> ⑧ 速さ…ゆっくり書いてほしい。ノートする時間をとってほしい。

上記のように望むということは，それだけ日々の授業の中で子どもは不満をもっている。これでは，「板書の形式」「チョーク」「黒板を写す」に関するそれぞれの持ち味をうまく引き出すことができていない。

● チョークの色は決めたほうがいい

黒板の役割には，「事実や考えを共有する場」「子どもたちが思考したことを表現する場」などがある。このような場にするために，チョークの色を決め，次のように使い分ける。

> 白＝事実や考え
> 赤＝重要な事柄，用語，キーワードなどに線を引く，囲む。
> 黄＝子どもたちのつぶやきを囲む。
> 青＝考えと考えを関連づけるとき，線を引く。

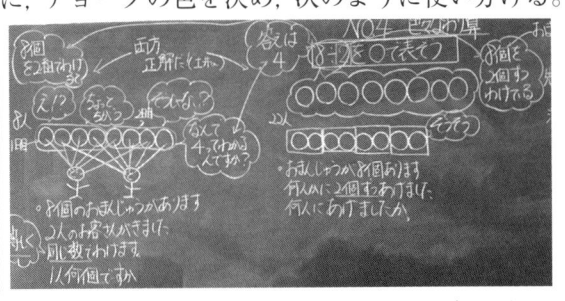

1時間の授業を終えて振り返った時，授業の流れが見える板書になることが理想である。白チョークだけの板書は見づらく，効果的に色チョークを使いたい。この4色の中では，黄チョークが一番目立つ。だから黄チョークの使い方がポイントになる。私はつぶやきを大事にしているため，そこに黄チョークを使う。

● 授業の内容によって板書の形式は変えるべきである

授業の内容を考えてみると，以下のような場面があげられる。

> ・基礎，基本（知識伝達型）
> ・比較→関連→統合
> ・反復練習　・問題解決型

板書の形式は決して１種類で固定するのではなく，その時間の目標に合わせて変更するべきである。私は２種類の板書を使い分けている。

① 基礎基本，反復学習の時には，オーソドックな形式で書く。

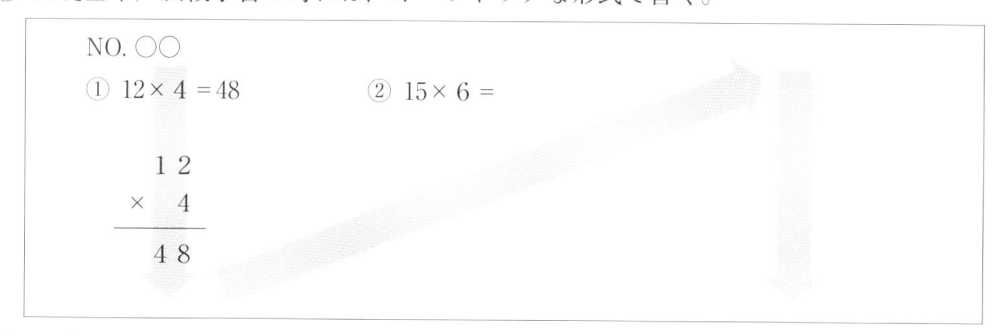

```
NO.○○
① 12×4＝48       ② 15×6＝

    1 2
  ×   4
  ─────
    4 8
```

② １時間を通しての課題があるとき，いわゆる問題解決型の授業の時には問題を真ん中に書き，授業を始める。右には課題を解決していく上で必要な過程などをかき，左には適用問題など，本時の内容を深めるために使う。

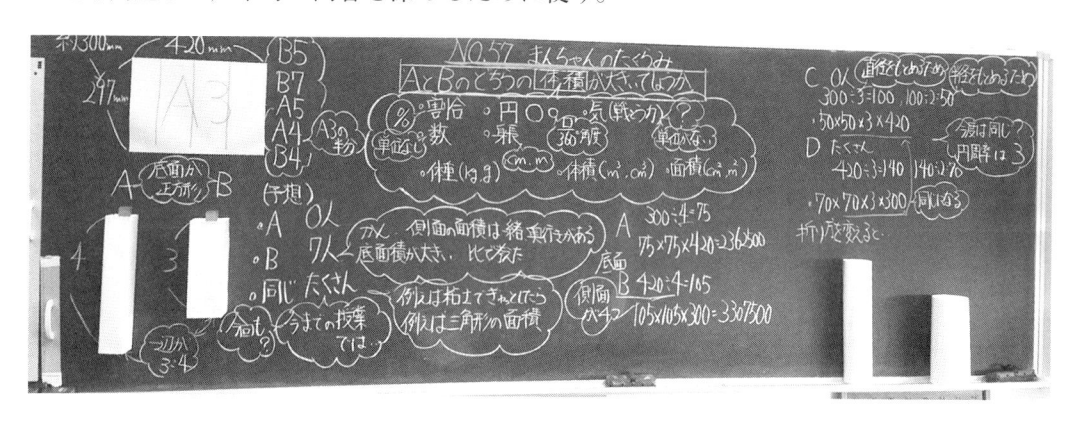

● 黒板にかかれている内容をすべて写す必要はない

　黒板にかかれていることをノートにきれいにかくことが授業の目的ではない。ノートをかくということはあくまで数学的な力を育成したり，新たな知識を得たりするための手段である。だから，私は授業開きの時に，次のことを子どもたちに伝える。

> 　黒板をすべて写す必要はありません。自分たちの考え方をかいた後は，自分が必要としたところ，重要だと思ったところ，新たな発見をしたところ，自分がよいと感じたところをノートにかきなさい。

　しかし子どもたちはこのようなことがすぐにできるわけではない。重要だったところをクラスみんなで共有する。（最初は教師が重要なところを示していく）子どものノートをチェックし，上記のことを書くことができた箇所に○をつける。ノートの見せ合いっこをするといった手立てを行い，授業を進めていくとできるようになってくる。またノートをとらせるとき，白チョークは鉛筆，赤チョークは赤ペン，黄チョークは青ペンとルールを決め書かせていくうちに，黒板に用語を赤チョークで書いているから重要なのだとチョークの色で子どもたちが価値づけていくことにもなる。「板書の形式」「チョークの色」「黒板を写す」ことは，学習を進めていく上ですべてが関連づいているのである。

Part 4　算数授業づくりの"あたりまえ"を問い直す〈授業の全体 編〉

●「指導案」の「当たり前」を問う
―「当然」とは「しかし」と疑うに当たることである―

常葉大学　黒澤俊二

1 「当たり前」を問う

　「まごのて」という道具がある。ご存じのように「長さ50cm程度の棒の端を手首の形に造り，背中など手の届かない所をかくのに用いる道具」である。

　なぜその道具は「まごのて」という名前なのだろうか。そりゃ「当たり前」だろう。「孫の手のよう」だからだ。孫の手のように可愛く見える。実際お孫さんに背中をかいてもらうのは幸せだ。などといった理由から，多くの人が「孫の手」だととらえている。これが「当たり前」なのである。

　「当たり前」ということは，何らかの明白な納得のできる理由があり，納得するから多くの人々がそう信じている。多くの人の納得から生まれる自然のような当然なのである。

　「わかったつもり」という話題でよく引用されるのがこの「まごのて」の話である。「実はね…」と，「中国の山奥に『マコ』というすてきな女仙人がいてね，「マコ」さんの爪は長く鳥の爪に似ていて，マコさんにかゆい所をかいてもらえば愉快この上もない…」なんて話を聞くと，マコと（誠）か？

　何が「当たり前」かわからなくなってくる。

2 廊下の指導案

　背中などをかく道具「まごのて」は，当たり前のように思っていた「孫の手」ではなく，「『マコ』ちゃんの手」だった。しかし，「当たり前」とは「とう（当）ぜん（前）」な「当然」としてまかり通っているのだ。であるから，「当たり前」「当然」のことをしない輩に出会った時に，「当然でしょ。しっかりしてよ」と思ったり，怒りの気持ちでつい「当然のことをちゃんとしろ！」などと口にする。しかし（然しに当たる『当然』）『マコ』とか？」…と「わかったつもり」にならないで疑うことである。

　先日，ある小学校に教育実習生の授業参観でお邪魔した時も，「当然だろ。ちゃんとしろ」という声を耳にした。指導案をいい加減にしている実習生に対し，ご指導していただいている先輩教員からの指摘だ。「きちんと指導案を『かく』ことは当然」という小言である。

　確かに，授業をする前に「指導案を『かく』こと」は当然である。実習生ならばなおさら，指導案を作品としてきちんと仕上げ，「指導案を『書く』こと」になる。なぜならば，「教育」（授業という場）を「実習」（実際に「学び」習う）する立場の「学生」（「学び」生き

る者）だからである。然し（当然），またまた「『マコ』とか？」…。

　そこで,「当たり前」を「『マコ』とかな？」と当然（然しに当たるとして）と疑ってみた。本当に「指導案を『かく』こと」は当たり前なのか。

　さて，お気づきかも知れないが，「指導案を『かく』こと」と「かく」を平仮名で書いた。「かく」にはいくつかの「かく」様式があるからだ。「指導案を『かく』こと」と言った時に，きちんとペーパーという媒体に様式に沿って「指導案を『書く』こと」がイメージされる。であるから，確かに教育実習生にとっては「指導案を『書く』こと」が「当たり前」の当然のことになる。

　しかし，毎日のように子どもたちと接し，毎日のように授業をする教員にとって，当然？　毎日「指導案を『書く』こと」はしない。それが「当たり前」の当然なことなのである。なぜならば，「書く」暇がないからだ。自分でわかっていればいいわけで，他人に知らせる必要がなければ「書く」必要性もないからだ。もちろん，「書く」のかわりに「描く」ことになる。頭の中に，媒体を持たず思考という様式で思い「描く」のだ。

　例えば，「次の時間は国語か。『やまなし』の3時間目か。クラムボン笑っちゃうよな。えっと，本時の目標は～」などと，廊下を歩きながら，頭に「描く」のだ。自分も学級担任の時代はそうしたものだ。研究授業など他人に見せる授業の場合には指導案を様式にしたがって紙媒体に「書く」。それは他人さまに見ていただくために「書く」のである。それ以外の場合は，自分にとって別の様式で「描く」ことで何とか乗り越え，やり過ごしてきた。それが「当たり前」なのである。

　そうそう，職員室から教室に行く廊下で，次の時間の授業の指導案を，落ち着きながらも瞬時に「描き」，授業を構成することがよくあった。今振り返るとそういうことが日常的であった。いわば，「廊下の指導案」である。「それは手抜きだ」「老化現象だ」という批判もある。しかし，事情や状況などにより，「指導案を『書く』こと」から「指導案を『描く』こと」へと様変わりしていくのだ。

❸「本質」とは何か

　しかしながら「指導案を『書く』」にしろ，そのような暇や必要性がなく「指導案を『描く』」にしろ，結局「指導案を『かく』こと」をしないで授業をすることはない。なぜならば，「授業」は目標達成のために遂行する意図的行為であるからだ。ぶっつけ本番で適当に授業をする羽目になった時でさえ，「えっと。何をするんだっけ？」などと子どもに話しかけながら，授業中に意図的に「指導案を『描く』こと」をする。

　そう考えてくると，そもそも「指導案」とはいったい何だろう。「かく」という「操作」を考えようとすると，結局，このような「操作」の目的主体「指導案」そのものを問うことになる。

　このように「そもそも」とそのものの「本質」を問い，考えることは，至極重要である。なぜならば，物事の「本質」を「そもそも」と考えると，その意味がより明確になる。そして，そこから派生する「当たり前」といわれることが，「『マコ』とか」「然しに当たる」

と疑い，判断ができるからである。さらに，その「本質」がわかると，その「仕方」とか「方法」といった「操作」のあり方がよりよく見えてくるからである。

算数の世界でいうならば，例えば「長さくらべ」という「操作」を考えると，そもそも「長さ」とは何かが問われる。その「長さ」の「本質」が見えてくると，その「くらべかた」という「操作」が逆にはっきりしてくるのだ。

別の例でいうならば，そもそも「たす」という加法の意味が明確になると，その「操作」に当たる「たしざん」という計算の仕方がより明確になってくるのだ。といった具合に，「そもそも」とものの「本質」を問うと，そこによって，そのものの「操作」のあり方が見えてくるのである。

そこで，指導案の「本質」とは何か試しに考えてみる。

その前に，まずは，「本質」とは何か。そこから始めよう。

哲学者サルトルは，「ペーパーナイフの話」で，「本質」を「存在」と対比してとらえる。すなわち，ペーパーナイフという物は，はじめから「存在」するのではない。本の頁である紙を切るという「機能」がある。その「機能」を求める必要感からその物が生まれ「存在」するのだ。つまり，「機能」のほうが「存在」よりも先（アプリオリ）にあるという。そういうものの「機能」を「本質」と呼ぶ。つまり，サルトルは「本質」とは「機能」であるとする。「まごのて」は「背中などをかく」という機能があって初めて「まごのて」なのである。その「機能」が「まごのて」の「本質」なのだ。その物の名前の由来は大した問題ではないのだ。

次にいよいよ，そのサルトルの定義にしたがって，指導案の「本質」をとらえてみる。指導案とはそもそもどういう「機能」があるのか。指導案の機能は，授業者の，授業の目標とその展開とそしてゴールとしての評価という「意図」を示し，「よい授業」をつくるという「機能」である。指導案は「意図」のある行動計画案である。（行動計画案，プラクティカルな＋案＝プラン？）

つまり，指導案は，書面という様式で「書く」にしろ，廊下で思考という様式で「描く」にしろ，目標と展開と評価という「意図を示す」そして「よい授業づくり」に役立つという「機能」があり，それが指導案の「本質」である。

なぜならば，授業を指導として実行するには，指導者の意図があるからだ。

「何のために」「どのように流し」「結果的にどのようになっていくのか」という授業をする者の意図なのである。

そうとらえてみると，授業について語る時，「指導案通りに流れたかどうか」ということは大した問題ではなくなる。「よい授業に向けた意図がきちんと説明されているか」が問題なのである。「まごのて」のように，その「本質」である「機能」が問題なのである。

「指導案」は「意図を示す」「『よい授業』づくり」への説明であり，子どもを拘束する命令ではない。であるから，学ぶ主体である「子ども」がどうであったか，子どもの事実が『よい授業』を語る根拠となる。授業の善し悪しを決めるのは，指導案の内容以上に子どもの事実，すなわち「学び」の結果なのである。

もちろん，学校教育は，先生の側の都合で育てようと意図的に計画する。しかし，その

「意図」は「意図」であり，子どもの「学び」の事実の結果が問われるのである。子どもが育ったかどうかが重要であり，指導案通りかどうかは副次的な話である。

やはり，「本質」をとらえその「本質」に沿い，「当然か」と「然し」に当たると「当たり前」がより明確になる。

そのように指導案の「本質」をとらえるならば，「『指導案通りに流れる授業は，よくない授業』なの？」（Q18）という問いに対する，3人の先生方のお応えは「その通り」と叫びたくなるくらいの「正事例」である。なぜならば，東郷先生は「子どもから出てくる言葉を」，直海先生は「子どもたちの思いや考えを」，そして小川先生は「子どもの『気づき』を」と，授業の善し悪しを子どもの事実としてきちんと子ども側に求めているからだ。「当然」を「然し」に「当たる」べく見直す研究評価をきちんとしているのである。

❹「指導案」の3つの要件

指導者側の指導案の意図と，子ども側の「学び」の事実が一致した時に「指導案通り流れる」「よい授業」として憧れの対象となる。その憧れが強いことから，子どもの事実よりも指導案のほうに絶対性を置いてしまい，「指導案通り」が「当たり前」として強調されてしまう。指導者側の意図が子どもの事実として一致した時に初めて「指導案通り」が「よい授業」となるのだが，指導案の「本質」を踏まえて子どもを「学び」の主体として重要視すると，「指導案通り」は大した問題ではなくなる。

むしろ，指導案通りでなかった，いわゆる「案と事実の『ズレ』」が明確になること。

これこそが「指導案」のひとつの具体的な「本質」である。

となると，やはり，指導案には「目標の明確化」と「展開の可視化」と「評価の具体化」が欠くべからざる指導案の3つの要件となる。なぜならば「指導者の『意図』を明確にして，『よい授業』」をつくる」ことが指導案の「本質」であるからだ。そして授業の計画は目標と展開と評価が最低の必要事項だからだ。

その「本質」に迫る高品質な指導案を目指したいものだ。そして，「意図」と「事実」が一致する「指導案通りに流れる」授業を目指しながらも，結果的には機能的にかつ帰納的に「指導案とのズレ」が明確になり「意図」と「事実」の調停を図っていくことになる。この指導案の本質を踏まえて「よい授業」を目指していきたい。

今回の夏の大会で私は授業をする。その際，3つの意図を明確にした指導案を提示する。すなわち本時の目標（の明確化），本時の展開（の可視化），そして本時の評価（の具体化）を工夫し提示する。この3点セットに示された「意図」が授業後の「事実」で研究評価されていくのだ。

子どもからの事実に学びつつ，今回も「授業をみて語り合う」会を盛り上げていこう。さあ，最後の授業にチャレンジだ。「当然」のことを「然し」と当たっていこう。

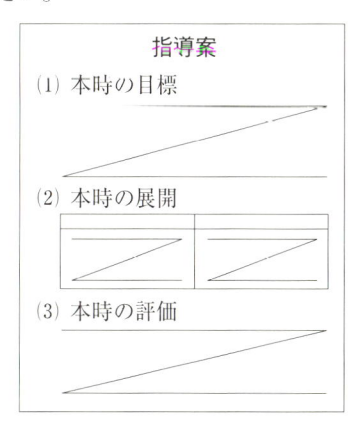

指導案
(1) 本時の目標
(2) 本時の展開
(3) 本時の評価

Part 4 算数授業づくりの"あたりまえ"を問い直す〈授業の全体 編〉

● 算数授業づくりの「あたりまえ」を問い直すことの価値は何か

筑波大学附属小学校 田中博史

① 自分の算数授業の「あたりまえ」を問い直したことはあるか

最近はさすがにないが，その昔よく言われたこと。
「どうして筑波の先生たちの指導案の形式はそろっていないのですか」
「語尾はどうして統一しないのですか」
さらに，「教材観，児童観，指導観がないのはなぜですか」と質問が続く。

研究会に参加された先生方から，指導案一つについてもこういう質問がたくさんあった時代がある。これら一つひとつの質問は，その時点での発言者にとっての常識と異なるという証。質問の背景には「今までそれが当たり前だと思っていた」という驚きと「私たちにはそういうルールが厳しくあるのに…」と憤慨の気持ちもある。

私はこんな時はこう尋ね返すことにしている。
「そもそも，みなさんが指導案の形式を統一する必要は何でしょうか」
「語尾を統一する目的を教えてください」
「なぜ指導案を書くときにその3つの視点が必要だと思うのですか」

これらに，明確な答えを持っているのなら，それはそれでいいと思う。目的がちゃんとあるのなら信じて取り組み続けても悪くはない。

だが，もしも返答に困ったのならば実は目的意識がないことになる。

それぞれが自分の当たり前を問い直してみることは，このように自らの「目的意識」を問い直すことにつながる。ここに大きな意義がある。

ちなみに指導案の書き方の3つの視点については，実は私も確かに大学生に講義するときには，その3つの視点を持って自分の授業の構成を見つめ直すことを教えている。

けれど本当は授業を見つめ直す視点は何もこの3つに限ったわけではない。いやこの3つの視点も必ずしも独立したものではない。

だから指導案一つをとってもプロの教師になって5年もすれば，自分が学生スタイルの指導案のままであることについて本当にこれでいいのかと疑ってみるという第三の目を自分の中に育ててみることが大切である。

読者の先生の中にも，もしかしたら授業によっては指導案を書きながら指導観と教材観で同じようなことを書いてしまう時があったなあという記憶もあるのではないか。それは二つの視点が一致しているか重なり始めたときである。そんな時にもルールを守って無理やり項目を立てて書くことにどんな意味があるのだろうと自問自答できるようになるといい。

こんな見つめ直しの心が育てば明日の自分改革に役立つ。

❷ 授業づくりの「あたりまえ」への自問自答

　では，これを日々の授業場面において時系列に考えてみよう。一般には問題解決の授業では子どもたちの活動を下の4つの場面に区切ることが多いようなので，それにしたがって述べてみる。

　もちろん，授業をこの4つで区切ることさえ，本当にそれでいいのかを問い直してみることが必要である。実を言うと私はこの4つのステップをあまり意識していない。

　しかし，一般にはこの意識が強いので本稿ではあえてこのステップに従って考察してみることにする。この4つの段階においてでさえ「あたりまえ」は人によってこんなに違うと言うことを述べてみるためである。

(1) 問題の把握

　授業が始まる。教師が問題文を黒板に書く。いわゆる問題提示の場面である。
　この場面一つをとっても方法は実に様々である。
　ア　教師が黒板に書くのを子どもが写す
　イ　教師が話したことを子どもが聞き取って書く
　ウ　教師が演示したことを，子どもが文章化して書く
　エ　教師の演示ですぐに解決に取りかかる

　どうだろう。もっとあるが，これは最近，拝見した授業での提示の仕方のいろいろである。工夫している方たちはこんなに様々な方法を使っている。

　いつもアの方法しか思い浮かんでいなかったら，目的に合わせて新しい方法も体験してみるといいと思う。子どもたちが話を聞く力を育てたいとか，問題を自分でイメージする時間をとりたいと思ったら，イのような取り組みが有効な時もあるのである。

　低学年ではエのような導入もある。ゲーム教材などではすぐに体験させてみるのがいいからだ。ウのような体験は子どもたちもあまりしたことがないのではないか。

　たとえば折り紙を折ってはさみで部分を切り取る演示をしてみせ，「この折り紙を開くとどんな形になっているでしょうか」と尋ねる。低学年の場合はすぐに予想を書かせるが中学年以上の場合は，「これが今日の問題です。あとからわかるように自分の言葉でノートに書いておこう」と告げて記録を子どもにまかせてみる。その後，子ども同士でどのようにノートに書いたかを交換し合う。つまり問題場面を理解して文章化すること自体に大切な時間をとる授業も時にはあってもいい。

　問題の提示，そして問題の把握の活動だけでも目的をどのように持つかで取り組み方はこのように様々だ。これだけで子どもたちにとって導入は新鮮な時間となるだろう。

(2) 自力解決の場面

　では，自力解決と言われる場面について考えてみよう

ア 時間をたくさんとって一人だけで解決策を考えてノートに書く
イ 見通しを一斉授業で共有し，そのあとで一人で続きを考えさせる
ウ 不安な段階からすぐに交流させ自力解決の時間をあまりとらずに集団解決に入る
エ グループでの話し合いを中心にする

　問題解決型とよばれる算数授業ではかつては自力解決の時間が長いことが特徴になっていた。だからアのような方法がもっとも多く取り入れられていて長い時には15分ぐらい子どもたちは一人で活動させられていた。一人でしっかりと考えさせることが大切だという理念に反対はしないが，現実には子どもの個人差が激しいので自力解決中に大きな差ができてしまってその後の話し合いが有効にならないことが多い。
　個人差，能力差を補わなければならないことが起きるのは，一人での活動が長すぎるからである。そう考えてイやウのような試みも行われているが，今度は一人が考える時間があまり保障されない授業も目立ち始めた。バランス感覚が必要である。
　先に述べた個人差，能力差については深刻な課題であり，これをどのように埋めていくかについてはいろいろな方法がとられている。それは習熟度別のようなシステムだったり，一斉授業で行うヒントカードなどだったりする。子どもの思考の差を埋めようという努力はわかるが，それらの方法は果たして有効に機能してきたのだろうか。
　ヒントをカードにすることについて述べると，本当にヒントの必要な子どもほど，人間の関わりが必要でありカードを読み取るだけでは前に進めないことが多いのではないか。何より準備する教師側の煩雑さも手伝って毎日行うには不向きだったりする。
　習熟度別の欠点は同レベルの子どもしか集まっていないから互いの説明活動が有効に作用しないところだろう。まとめるのは担当の教師しかいないからその教師の説明能力が乏しければ子どもにも伝わらない。子どもが自然体に育っていれば，本当ならば10人集まれば10通りの説明がある。それをうまくリンクさせていくことで互いを高め合うようにしていけば子どもにとっては気心も知れた友達から繰り返し説明を聞けるのでよい環境となるのに，子どもを能力別に分けたことによってその機能を失ってしまっている。
　こうして分析すると，それぞれの方法への改善策も見えてくるようになる。
　例えばヒントカードは中ぐらいの子ども用に用意し，遅れがちな子どもには教師がつくのはどうかなどの案である。こうした解決策は「あたりまえ」を問い直し，問題意識を持てば生まれるようになる。

(3) 話し合いによる練り上げ
　多くの先生が指導するのに困っているのが，この場面である。多いのは自力解決中に一人ずつの解き方を把握しておき，意図的に指名して次第に思考が成長していくように発言させていくという方法である。一般に画用紙やミニ黒板などに書かれた個人個人の式や図が提示されて，その後形式的な発表が続き，盛り上がらないことが多い。
　このタイプの授業で，子ども相互の関わり合いが生まれにくいのは，完成された発言が長々と行われることが続くからではないだろうか。

子どもは話が長いと聞き取れない。いや長いと聞き取る気持ちがなくなる。
　だから，もっと短く話をさせるように仕向けるか，未完成な状態の発言を引き出すようにして発言に対する壁を低くしてあげるなどの配慮が必要になる。子どもも大人も未完成なもの，間違っているものに対しては反応しやすいのである。

(4) まとめ・発展の場面

　最後がまとめの場面である。熱心な先生の中には，ともかく懸命に説明すれば子どもたちに伝わると錯覚している方も多く，まとめは欠かせないと頑張る。しかし実はいくら説明役が懸命になってもいざ子どもたちにテストをしてみると，それほど効果が出ないことに愕然とする。教師が丁寧に板書でまとめればまとめるほど子どもは機械的に写すだけのロボットになってしまう。
　写すことで力がつくのなら，試しに算数でも教科書の全文視写を取り入れてみたらどうだろう。もしかしたら，下手な教師の説明を聞くだけよりは効果があったりする??
　もしもそうだとしたら日本の算数も危ない状態なのかもしれない。

3 授業の展開を小刻みにするための「めあて」の変化，成長を意識すること

(1) 書いたほうがよい「めあて」と，書いてはならない「めあて」がある

　最後に「めあて」をどのように授業で意識するかについて述べて終わる。
　黒板に「計算のきまりを見つけよう」と教師が書く。子どもは「あー，この計算にはきまりがあるんだな」と感じて挑む。一見，当たり前に見えるこの空間だが，実はこの時点で育てたい力はもう期待できない。きまりを発見する力は，その本人が「あれ，何だか同じことがいつも起きるぞ。これってきまりがあるんだろうか」と感じてくれる瞬間が命だからだ。そういう目のつけ方を育てることを目的としているのに，最初から「きまりを見つけなさい」と言われたのでは目的の半分は失ったことになる。
　こんなことを考えて授業に挑むだけで，授業づくりの姿勢は変わる。
　つまり「めあて」によっては，ストレートに黒板に書いてしまったのでは意味がなくなってしまう場合があることに気がつくだけで，授業づくりの発想が変わる。
　かつて法則化全盛時代に，岩下修氏が唱えた「AさせたいならBと言え」という発想は算数授業づくりの「めあて」においても同様の構えが必要であり，算数教育界も学ぶべきだろう。

(2) めあては刻々と変わると思うこと

　子どもにとっては授業の中で確かめたいことが刻々と変わっている。それがその都度の「めあて」と考えてみたらどうだろう。この時の小刻みな変容をする「めあて」を書きながら授業することは，遅れがちな子どもにとって優しい授業となる。「めあて」は一貫していなければならないという常識も，子どもの立場に立ってみれば別の発想も必要になる。私たちが今，こうして「あたりまえ」を問い直すことが子どもの立場の授業づくりに役立つことを願う。

私の考える"あたりまえ"

先生のお考えを書いてみてください

Q17 ●間違いが出てこない授業がいい授業なの？

Q18 ●指導案通りに流れる授業はよくない授業なの？

Q19 ●ノートの形式は決めたほうがいいの？

Q20 ●板書の形式やチョークの色は決めたほうがいいの？
●黒板は必ず写さなければいけないの？

Part 4
授業の全体 編

執筆者紹介
（執筆順）

●	細水　保宏	（ほそみず・やすひろ）	筑波大学附属小学校
●	徳永　勝俊	（とくなが・かつとし）	島根大学教育学部附属小学校
●	中村潤一郎	（なかむら・じゅんいちろう）	千葉県多古町立多古第一小学校
●	河内麻衣子	（こうち・まいこ）	豊島区立高南小学校
●	尾﨑　正彦	（おざき・まさひこ）	関西大学初等部
●	宮本　博規	（みやもと・ひろき）	熊本市立田迎西小学校
●	阿保　祐一	（あほ・ゆういち）	青森県総合学校教育センター
●	江橋　直治	（えばし・なおはる）	国立学園小学校
●	中田　寿幸	（なかた・としゆき）	筑波大学附属小学校
●	毛利　元一	（もうり・もとかず）	東京都教育庁指導部
●	守屋　義彦	（もりや・よしひこ）	国立学園小学校
●	大桑　政記	（おおくわ・まさふみ）	静岡県函南町立函南小学校
●	倉田　一広	（くらた・かずひろ）	秋田県湯沢市立稲川中学校
●	一瀬　孝仁	（いちのせ・たかひと）	山梨大学
●	中村　光晴	（なかむら・みつはる）	札幌市立山の手南小学校
●	仲村　　恵	（なかむら・めぐみ）	上越教育大学附属小学校
●	宮城　和彦	（みやぎ・かずひこ）	日本女子大学附属豊明小学校
●	時川　郁夫	（ときかわ・いくお）	森村学園初等部
●	高瀬　大輔	（たかせ・だいすけ）	福岡県川崎町立川崎小学校
●	間嶋　　哲	（まじま・あきら）	新潟市立上所小学校
●	村上　幸人	（むらかみ・ゆきと）	島根大学教育学部附属教育支援センター
●	永田美奈子	（ながた・みなこ）	雙葉小学校
●	近藤　修史	（こんどう・のぶふみ）	高知大学教育学部附属小学校
●	大野　　桂	（おおの・けい）	筑波大学附属小学校
●	盛山　隆雄	（せいやま・たかお）	筑波大学附属小学校
●	夏坂　哲志	（なつさか・さとし）	筑波大学附属小学校
●	甲斐　淳朗	（かい・じゅんろう）	宮崎大学教育文化学部附属小学校
●	尾形　祐樹	（おがた・ゆうき）	東京都日野市立日野第五小学校
●	西本　靖司	（にしもと・やすし）	鳥取県大山町大山西小学校
●	種市　芳丈	（たねいち・よしたけ）	青森県水戸町立水戸小学校
●	佐藤　純一	（さとう・じゅんいち）	国立学園小学校
●	山本　良和	（やまもと・よしかず）	筑波大学附属小学校
●	沼川　卓也	（ぬまかわ・たくや）	岩手県久慈市立久慈小学校
●	横沢　　大	（よこさわ・だい）	盛岡市立仁王小学校
●	小川　和子	（おがわ・かずこ）	群馬県太田市立旭小学校
●	東郷　佳子	（とうごう・けいこ）	茨城県つくばみらい市立福岡小学校
●	直海　知子	（なおみ・ともこ）	大阪府豊中市立熊野田小学校
●	松山　起也	（まつやま・たつや）	高知大学教育学部附属小学校
●	宮川　　修	（みやかわ・おさむ）	山口県美祢市立大嶺小学校
●	森本　隆史	（もりもと・たかし）	山口大学教育学部附属山口小学校
●	熊谷　　純	（くまがい・じゅん）	青森県中部上北教育委員会
●	樋口万太郎	（ひぐち・まんたろう）	大阪教育大学附属池田小学校
●	黒澤　俊二	（くろさわ・しゅんじ）	常葉大学
●	田中　博史	（たなか・ひろし）	筑波大学附属小学校

全国算数授業研究会〈常任理事〉

●	細水　保宏	（ほそみず・やすひろ）	筑波大学附属小学校
●	大野　　桂	（おおの・けい）	筑波大学附属小学校
●	黒澤　俊二	（くろさわ・しゅんじ）	常葉大学
●	佐藤　純一	（さとう・じゅんいち）	国立学園小学校
●	盛山　隆雄	（せいやま・たかお）	筑波大学附属小学校
●	田中　博史	（たなか・ひろし）	筑波大学附属小学校
●	中田　寿幸	（なかた・としゆき）	筑波大学附属小学校
●	夏坂　哲志	（なつさか・さとし）	筑波大学附属小学校
●	毛利　元一	（もうり・もとかず）	東京都教育庁指導部
●	守屋　義彦	（もりや・よしひこ）	国立学園小学校
●	山本　良和	（やまもと・よしかず）	筑波大学附属小学校

算数授業研究シリーズXXIII
算数授業づくりの"あたりまえ"を問い直す

2014（平成26）年8月7日　初版第1刷発行
2017（平成29）年8月9日　初版第8刷発行

企画・編集	全国算数授業研究会
発 行 者	錦織　圭之介
発 行 所	株式会社　東洋館出版社
	〒113-0021
	東京都文京区本駒込5丁目16番7号
	（営業部）電話 03-3823-9206　FAX03-3823-9208
	（編集部）電話 03-3823-9207　FAX03-3823-9209
振　　替	00180-7-96823
U　R　L	http://www.toyokan.co.jp

装　　幀　　中濱　健治
印刷・製本　藤原印刷株式会社

ISBN978-4-491-03049-4
Printed in Japan

全国算数授業研究会 企画編集の **算数授業研究シリーズ**

算数授業研究シリーズ Part XXI

内容増加に負けない算数授業づくり

今こそ育てよう自ら学びを拓く子を!

小学校教育は『ゆとり教育』と決別し、学習内容と授業時間数が増加の方向に進み出した。しかし、学習内容のノルマをいかに達成させるかという点に意識が強くなりすぎてはいないだろうか?本書では、論理的な思考力を育てることにより、子どもたちに冷静に状況を判断する力、相手に自分の思いを正確に伝える力につながるような指導方法についてまとめた。

大好評発売中 2012年8月刊行

本体価格 **1,900**円+税

算数授業研究シリーズ Part XIX

教えるって何?

時代の節目に授業観を問い直す

本書では変動する現代において「教える」ということの意味を改めて問い直す。「教え込む」ではない，子どもの真の学びにつながる授業を求めて，11人の教諭による真摯な取り組みと，2つの白熱した座談会を収録。

本体価格 **1,900**円+税

算数授業研究シリーズ Part XVIII

時代を拓く子どもが育つ授業

新学習指導要領は子どもに何を求めているか

本書は、新学習指導要領に基づき，子どもの数学的思考を鼓舞し主体的に数学的活動に取り組む優れた授業実践例，教材開発例を全国の先生方の実践から紹介する。移行期の授業づくりに悩む先生方にお届けする1冊。

本体価格 **1,900**円+税

がんばる先生を応援します！ 東洋館出版社

〒113-0021 東京都文京区本駒込5丁目16番7号
TEL: 03-3823-9206 FAX: 03-3823-9208
URL: http://www.toyokan.co.jp